别在奋斗的年纪，活成了假装努力的模样

狮小主 著

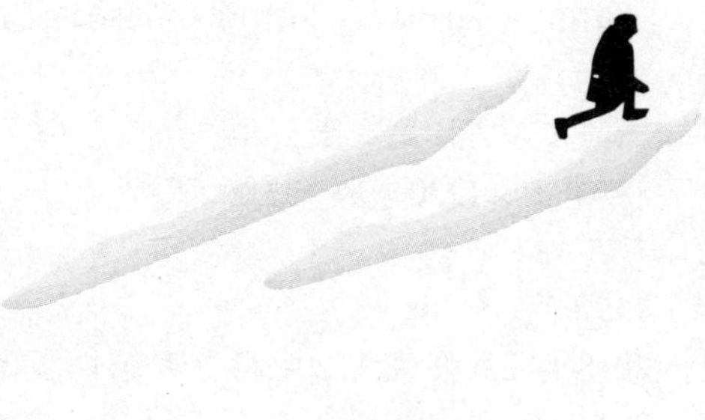

中国工人出版社

图书在版编目（CIP）数据

别在奋斗的年纪，活成了假装努力的模样 / 狮小主著. —北京：中国工人出版社，2018.8

ISBN 978-7-5008-7049-4

Ⅰ.①别… Ⅱ.①狮… Ⅲ.①成功心理—通俗读物 Ⅳ.①B848.4-49

中国版本图书馆CIP数据核字（2018）第197899号

别在奋斗的年纪，活成了假装努力的模样

出 版 人	王娇萍
责任编辑	葛忠雨
责任校对	董春娜
责任印制	黄　丽
出版发行	中国工人出版社
地　　址	北京市东城区鼓楼外大街45号 邮编：100120
网　　址	http://www.wp-china.com
电　　话	（010）62005043（总编室） （010）62005039（出版物流部） （010）62379038（社科文艺分社）
发行热线	（010）62005049　（010）62005042（传真）
经　　销	各地书店
印　　刷	三河市东方印刷有限公司
开　　本	880毫米×1230毫米　1/32
印　　张	7.75
字　　数	155千字
版　　次	2018年10月第1版　2018年10月第1次印刷
定　　价	38.00元

目录

Part 1

你努力成为自己的样子，真好看

Part 2

真正的优秀，都是努力得来的

Part 3

愿你有一腔孤勇，也有一份从容

Part 4

所有的不思进取，都披着“努力”的外衣

Part 5 何必万事俱备，每一步都是海阔天空

Part 6 你的坚持，终将美好

Part 1

你努力成为自己的样子，真好看

有时候，我们囿于盲目的焦灼之中，却不敢做出任何改变，生怕一丝的波澜引发山呼海啸的崩塌和难以挽回的糟糕局面。于是，在和青春的虚与委蛇中，慢慢地将激情和梦想拱手让出。

从来都是厚积薄发，哪有什么怀才不遇

01

表妹大学毕业后去了上海。

在赴沪前，她已经通过一家自己心仪的文化传媒公司的初试。但这份工作还不属于她，等待她的还有第二轮笔试和第三轮的终极面试。

第二轮笔试完的那个周末，表妹跟我语音聊天，她兴奋地说："小狮姐，你知道吗，这次通过笔试的十个人当中，我排在第三！"

"棒！"我也替她感到高兴。

"但是，我看完名单后，也有点儿担心。"

原来，和她一同入围的其余九个人，都毕业于985名校，只有表妹来自普通的一本高校。

"我夹在一群天之骄子中，太黯然逊色了，好担心面试的时候主考官会因为出身这一条把我 pass 掉。”

“别妄自菲薄，事实证明，你在和那些高才生竞争的过程中，一点儿也不落下风啊，说不定主考官对你还更加期待呢！”

又过了几天，我正在吃午饭，表妹忽然打来电话：“小狮姐，过了，过了！刚才我收到他们发来的 offer 了！”

那天，面试官问了表妹一个问题：你是进入第三轮的十个人当中唯一一个没有名校背景的，和其他九位面试者相比，你认为你的优势是什么？

表妹是这么说的：

我认为贵公司并不是只凭出身来论才能的，虽然不可否认，出身确实很重要。说到自己的优势，我对我所学的专业抱有极高的热情，对贵公司也满怀憧憬。在此之前，我出版过一本长篇小说，也在国家级刊物上发表过数十篇文章，也是多家千万级别自媒体的签约作者，同时我在校期间独立运营着一个五十万粉丝的公众号。我热爱写作，熟悉传媒专业，同时在自媒体的运营上也有自己的心得，我相信，这就是我的优势。

第二天，表妹就收到了 offer。

据说，当时面试官在听完表妹的陈述后，笑着说了一句：“你公众号的粉丝比我们公司还多十万呐，我们新媒体这块儿起步得晚，以后说不定还要请你多多指教呢！”

就这样，表妹从三十多位应聘者中脱颖而出。和她同时被录用的还有两个人，一个是哥伦比亚大学的海归，另一个是北大的研究生。

三年后的现在，表妹已经成为这家公司的新媒体运营总监，备受公司高层赏识和器重。

很多人总说："我的才华只是没有被发现而已，你看历史上的武将李广、文人贾谊、诗人张继，哪个不是怀才不遇的典型？怀才不遇这种事啊，自古有之。"

这些理由和借口乍听起来很有道理，却经不起推敲。

李广一生战功赫赫，虽未被封侯，却享有"飞将军"的美名；贾谊屈于长沙，不问苍生问鬼神，但他奉诏与文帝对席谈论天下大势前文名便享誉海内，才华早已为世人所重；张继少了些考试的本事，但不妨碍他才情洋溢之下，绣口一吐"月落乌啼霜满天……"，就连那座默默无闻的寒山寺也跟着香火绵延了千年。

02

说到这里，我不由得想起民国时期的几个豪杰。

当年，蔡元培初掌北大帅印，为广招天下英才，他屈身于市井庙堂之间，四处求贤。

1916 年年底，陈独秀正在办《新青年》，蔡元培极为看好这本思想进步的杂志，对它的主编陈独秀更是青眼有加。于是，蔡元培便天天守在陈独秀家门口。

有时来得早，为了不打扰陈独秀休息，他便搬个小板凳坐在屋外等。

陈独秀想不明白：像我这样一个没学位、没资历、要啥没啥的穷书生，你堂堂北大校长为啥非得请我？而且还要我去当北大的文科学长？

蔡元培对别人说："翻阅了《新青年》，便决意聘他。"

陈独秀也有性格，说："不干！因为正在办杂志。"

蔡元培回答："那没关系，把杂志带到学校办好了。"

就这样，陈独秀被蔡元培"三顾茅庐"请进了北大。

陈独秀也果真没有辜负蔡元培的期望。不久后，轰轰烈烈的新文化运动开始了，首先以大魄力打开局面的就是陈独秀，这个才思敏捷、办事果敢的年轻人，成为北大革新的头号大将。

民国另外一个大才子胡适之，刚被聘请进北大的时候，在学术界和文坛都没什么名声。可蔡元培在看过他还未付梓的书稿《中国哲学史大纲》后，便以最高的年薪聘他入北大。

新文化运动中，胡适之率先提出以白话文代替文言文的主张，并在文史哲多个领域取得惊人的成就，成为学术界和文坛公推的领袖人物。

1917 年，胡适之作为文科考试的阅卷官，在看到某个学生的一篇文章后拍案叫绝，当即给予满分，可事后才知道，这个学生的数学成绩居然是 0 分。但胡适之认为这个年轻人是个可造之才，他在和蔡元培商定后，决定破格录取这个年轻人。

结果没出两年，这个年轻人便在“五四运动”中大放异彩，他所写的《五四宣言》轰动一时——他便是后来担任清华大学校长的罗家伦。

罗家伦担任清华校长那年，招生的年轻人当中也出了一个怪才。这个学生国文特优，英文满分，数学 15 分。罗家伦一想：这不就是当年的我吗？何况这个年轻人的英文还是满分。于是他大笔一挥，录取。这才成就了后来的钱锺书。

然而，假如当年陈独秀没有把《新青年》办得有声有色，假如胡适之没有《中国哲学史大纲》打底，假如罗家伦没有一手锦绣文章让人击节赞叹，假如钱锺书不是英文、国文全优，那他们此后的命运也势必会朝着未知的方向发展了。

一个人之所以立足于世，凭的绝对不是外在的世故圆滑，而是其内在的修为才情。庄子说：“且夫水之积也不厚，则其负大舟也无力。”一叶扁舟是无法行于大海之上的，稍有风吹草动，就会因为根基不稳而被风浪吞噬。

古人云：“泰山崩于前而色不变，麋鹿行于左而目不瞬。”一个人有多大的气度，就有多高的修为；有多深厚的学养，就有多宽博的学识。好运不会光顾每个人，就像机会永远是留给有准备的人一样。

03

我有个远房表哥，他的部门领导是他舅舅。当时，部门要派一个人去美国学习三年，然后回来负责北美市场的业务，他舅舅是有私心想要培养这个外甥的。

我这个表哥平时是个不学无术的子弟，一听说要把自己派到美国，当时就露怯了："我不去，我不会说英语，而且到了那边我也不知道该怎么负责市场业务，搞砸了连工作都保不住了。"

结果，这个出国培训的机会就让给了另外一个刚到厂不到两年、但外语专业八级的男生。

"刚进厂我就跟你说过，你迟早要接触美国这块业务，让你学英语，还给你报了几万块钱的英语班，你倒好，好好的机会，白白让给了别人！"舅舅恨铁不成钢地说。

你能说，我的这位表哥是怀才不遇吗？你能说，那个新来的男生是运气太好吗？

电影《神秘巨星》里有句台词："真正的才华，就像汽水里的泡泡，是会往上涌的，挡也挡不住。"

我觉得这句话可以用中国人常说的“厚积薄发”来理解。你若真的“怀才”，就没有“不遇”这种事。如果有，那也只能说明，要么是怀的这份“才”太小，要么是时机还不到。

一个拼字当头，赢不赢是另一回事

01

大二暑假期间，我买了大连到北京的火车票，在北京逗留了两天。做什么呢？

带着小说的书稿，“踌躇满志”地去拜访出版社的编辑。幻想着自己刚好碰到这样一位编辑，刚好对方就是慧眼识珠的伯乐。

我的这次“登门造访”，事先没有打过任何招呼。此前我给几家出版社打电话询问过，但都被婉拒。因此，这次来北京与其说是“造访”，不如说是一次“冒冒失失地不请自来”。

前台的一个大姐姐领我到了编辑部，“文姐，这儿有个女孩儿说想出版小说。”

当时整个编辑部几十个人的眼光齐刷刷扫了过来。一个四十岁左右气质颇好的女士走过来，领我到一旁的休息间。她边倒茶边问我：“写作几年了，还是个学生吧？”

“写了六七年了，今年大二。”

随后，我们聊了两个小时。走的时候，文姐让我将小说前十章的电子版拷贝一份给她。

出了出版社，我整个人有点儿恍惚。原以为对方会被我的描述打动，抑或在看了我的小说后会眼前一亮，给我莫大的赞赏。

事实上，都没有。

那两天，我陆续去了四家出版社，得到的回复都是：样章先留下，合适的话会考虑出版。

回程的火车上，我收到了文姐的短信：小狮，你现在正在经历一个很重要的过程，尽管在这个过程中会有无数个结果令你灰心和失落，但你务必明白，这只是你青春旅途当中的一部分。你的文字很好，但很多技术性的问题还需要解决。我们随时保持联系，假如你在写作上有什么困惑和想法，随时和我沟通。我相信，只要你坚持，不久的将来，你一定能得偿所愿。

说实话，听到这话我怎么能不灰心呢？当时我觉得窗外的整个世界都变成灰色了，20 岁的我甚至觉得往后的人生再也没有比这更沉重的打击了。

五年过去了，这件事就像是手臂上的一次痒，发生的时候山呼海啸也敌不过，指甲抓过两下后，又云淡风轻不足挂齿了。

02

从北京返回大连后，我消沉了一段时间。接着，我做了这么几件事。

读书，不断地读书。我硬着头皮读完了此前因为书中人物名字众多又拗口以至于从不敢觊觎的《百年孤独》，也耐着性子将2000页的《现代汉语大词典》一字不差地看了两遍。在日本作家中，我从只看川端康成和村上春树的作品，到强迫自己去读谷崎润一郎、黑石一雄、大江健三郎……以前从不敢去读的维斯拉瓦·辛波斯卡、爱丽丝·门罗、奥尔罕·帕慕克等人的书籍，后来竟然也成了我的床头书。

在那段精神最无助的时光里，我不知道该怎么去化解心中压抑的块垒，唯有一头扎进书海当中。

写作，持续地写作。大三和大四那两年，我将学习之外的所有空闲时间都用在了写作上。不得不承认，文姐的那番话起初的确给了我不小的打击，但后来却变成了一种莫大的激励。

假如只因为一次失败和挫折就颓然，那么，你一定不是真的爱这件事。抱着笃定信念的人，或许会因为一时的挫折而略有踌躇，但绝不会作怨妇状站着不动。

我推翻了之前写的所有故事，在只保留了小说名称的基础上，重新创作了30万字。

投稿，疯狂地投稿。我现在都不知道，到了后来，我这种“疯狂”究竟是不是已经从当初的激情澎湃转变成了一种执拗。

一次晚间的选修课上，我在稿纸上对着一首刚写好的小诗，反复地涂抹和修改，一旁的同学问我：“小狮，你整天写这些东西，有价值吗？”

听到这番话，我当时无言以对。我想说：当然是有价值的！

但对方一定会反问：它们的价值在哪里？你的诗从来没有被发表过，小说总是修修改改后还被出版社退稿，你那些文章除了发发朋友圈根本就没有人看。你说你要成为一个作家，那么你究竟用什么向别人证明，你是一个作家呢？

没有作品，没有名气，靠信念吗？靠梦想吗？

得了吧！

因此，不知道从什么时候开始，我不再跟别人信誓旦旦地说“狮小主要成为一个了不起的作家”这样的话了。我的生活变成了“读书—写作—投稿”的轨迹，简单而又单调。

我的奇怪行为，受到了身边同学的质疑。

“你现在连寝室聚餐也不参加了，大家喊你去逛街你也懒得去，邋里邋遢的也不买衣服，就整天写你那些小说，你看看你都成什么样子了？”室友对我说。

“也许你真的可以考虑下，今后是否要走写作这条路。”闺密跟我说。

“你要再这么每天熬夜到一两点，身体不出问题才怪！”爸妈对我说。

听完这些话，我仍旧死性不改。以至于后来，室友对我的评价是“不会来事儿、死脑筋”，闺密觉得我“魔怔”了，爸妈对我的态度就是“就作吧，迟早有你后悔的时候”。

当你决定脱离人群独自前行的时候，你会明显感受到周围人目光和态度的微妙变化。除了质疑和不理解，他们甚至会将你这种行为视为“挑衅”。

“这人，真能装！”

所以，你没有退路。前面是渺茫，后面是洪流。

不过，在这期间，并非没有温暖和慰藉。文姐总是不断给我送来鼓励和指导，我们成了好朋友。

让我感触最深的是大三的一次导师见面会上，小组开完会后，我的导师将我留下来谈心。

“姑娘，听说你一直在写作？”

“是，喜欢写。”

“以后我的课你可以不用上，或者你可以干自己喜欢的事，我会给你及格分的。做自己喜欢的事情，需要有很大的勇气，不要放弃，我支持你。”

“其实，我也不知道我的坚持是对还是错。”

“不管是对是错，别动摇，认定的，就要一个拼字当头，成不成是另外一回事儿。”

03

五年后的今天，我一口气签约了五家新媒体的专栏作家，签了三本书，当初那本“折戟”的小说也正在谈签约意向。不知道从什么时候开始，大家对我的态度来了一个一百八十度的大拐弯儿：狮小主，没想到你还挺厉害的嘛！

我再次来到北京，文姐见到我的第一句话是：“我没想到，你居然会这么拼。”

我笑着回答：“管他呢！”

那天，北京下着漫天大雪。文姐开车把我送到了火车站，进站前，我看见一旁的绿化带外，有数十只小鸟踩着白雪觅食嬉戏。

我心里一下感慨万千。这些鸟儿之所以这样从容，是因为它们抱定那种信念：尽管大雪纷飞，严寒还在持续，但内心深深相信春天已近。这才使得它们如此义无反顾地探索未来。这就是希望的底蕴吧！

有时候，我们囿于盲目的焦灼之中，却不敢做出任何改变，生怕一丝的波澜引发山呼海啸的崩塌和难以挽回的糟糕局面。于是，在和青春的虚与委蛇中，慢慢地将激情和梦想拱手让出。

是啊，手舞足蹈有什么用呢？拼得头破血流难道就能有个好结果吗？可能是我们命中注定平凡……

你有过三万六千种了不起的想法，却忘了，哪怕只从中挑取一个法门，或许也能渡过迷津，抵达彼岸。

深吸一口气，沉住这口气，往前走吧，春天来不来是春天的事。

事实上，春天总是会来的。

可躲在黑暗处的人，永远没有春天。

幸福到来前，总是伪装成烦恼的样子

01

表姐生完孩子后就一直心情不好。婆婆的不请自来，让她感到前所未有的困扰。这一个月里，用她的话讲，婆婆就像是西太后，随意对她发号施令。

表姐想洗澡，婆婆阻止，说三十天内不能碰水，为防止她不听话还把淋浴的喷头用保鲜膜裹了起来；表姐想吃辣的，婆婆不允许，每天给她熬各种汤，还让她吃那些难以下咽的内脏和蔬菜；表姐在网上给孩子买纸尿裤，婆婆说有漂白剂，让她全部退掉，然后去市场买了棉布做尿片。冬天，洗过的尿片搭在暖气片上一蒸，整个屋子都飘着尿片的味道。

一次我去看她，表姐感慨自己简直就是在坐牢。

坐满月子，她决定马上回公司上班。

可没想到，婆婆竟然抱着孩子找到了公司。

“妈，我上着班呢，孩子白天您喂奶粉不就行了嘛！”

“奶粉多贵啊！也比不上母乳。自己有奶水干吗非花那么多冤枉钱？我多跑两趟的事儿。”

慢慢地，同事都开玩笑说：“这婆婆可以啊，比闹钟还准时。”

表姐觉得颜面尽失。

表姐实在受不了了，她跟姐夫说：“如果你妈不走，我带着孩子回娘家！”

她婆婆听了儿子的话，说：“当初是怕你们累，与其落埋怨，不如我歇着。”

婆婆一走，表姐如释重负。

但很快，他俩的生活就彻底变得“兵荒马乱”。

孩子经常哭闹，几乎二十四小时离不开人。他们不得不轮流请假在家里看孩子。到了半夜，表姐也不得不爬起来给孩子换尿布，喂奶。一个月下来，表姐身心俱疲。

这时候，她才深知婆婆的不易。

一次她们几个女同事一起吃午饭，大家闲聊起来。

部门的主管感慨：“当初，我要是能像小舒这样有福气，也不至于坐月子的时候没人看孩子，落下一身月子病。我现在的失眠跟腰疼，就是那时候落下的病根。”

“是啊，舒姐命真好，前年我怀我儿子的时候，每天都要请假回家喂孩子，简直要把领导气死了！那时候能睡个安稳觉就是最大的奢望。”

“谁不是呢？我婆婆身体本来就不好，我得亲手拉扯孩子，那两年简直不知道是怎么熬过来的，哪像小舒，婆婆每天不辞辛苦跑到公司楼下，还给你煲好了汤做好了饭，亲妈也不过如此了吧！”

大家你一言我一语，表姐心里五味杂陈。

原来在大家眼中，自己是那么令人羡慕。而她却将这份丰厚的福泽当成莫大的烦恼，丝毫没有珍惜。

此刻她才恍然大悟，懊悔不已。

鲁路修·兰佩路基在《叛逆的鲁路修》中说：“幸福像玻璃一样，虽然平时从未察觉，但它确实存在，证据就是，稍微改变看的角度，玻璃就会映照出光芒，比任何东西更雄辩地主张自己的存在！”

很多时候，我们总是仰望和羡慕着别人，一回头，却发现自己正被仰望和羡慕着。

请相信：过往山重水复，最近柳暗花明。

02

2017年冬天我在北京实习，因为四处找房子，加上工作压力，又因为雾霾，导致呼吸道感染，嗓子疼了一周，各种事情堆积在一起，心情非常不好。

最后我租了一个次卧。主卧和另一个次卧住的分别是来自美国的 Sarah 和伊朗的 Fatima，她们在中国当外教，平时大家很少沟通，基本上是各自做各自的事情。

有一天晚上下班后，忽然有人敲我的房门。

我开门一看，是 Fatima。她很着急地说："嗨，狮，能帮我个忙吗？"

原来她要提前买元旦回德黑兰的机票，但她的电脑上全是中文，网站标注的很多信息她看不明白。

我说没问题。

填好信息，在付款的时候我忽然发现，往返德黑兰的机票将近 5500 块钱。

我有点儿不好意思地说："Fatima，对不起啊，我银行卡里余额不够了，我刚实习，还没发工资。"

"哦，我忘了先给你转账！你把卡号给我，我去楼下转给你。"

没过二十分钟，我手机收到了转账通知，到账 5500 元整。

买完机票，她非要请我吃饭，这时正好 Sarah 回来了，我们三个就一起下楼，Fatima 强烈推荐一家街边的烧烤，点了一大堆烤串儿。

"狮，你太瘦了，应该多吃一些。你看起来状态很差。" Fatima 跟我说。

“我也想像你们一样能出国，去外面的世界看看。我讨厌北京的雾霾和拥堵，也疲于应付激烈的竞争和人心的复杂。”

“狮，你要生活在纽约，晚上八点后基本上就要待在家里。哪能像这样大半夜在小区门口吃烧烤呢？而且晚上还可以在小区跟着一群大妈跳舞，我都上瘾了！”Sarah 竖起大拇指。

“在我们那里，你简直无法想象一个手机就能解决所有的问题，这里的共享单车太棒了！便宜得要死！如果碰上下雨天，一个外卖电话，美味的饭菜就能送到门口。高铁更是超赞，上次我去黄山只用了 5 个小时，那里太美了，我还带回来好多又便宜又香的中国茶！中国人非常友好，所以我下楼给你转账的时候就丝毫不担心你会赖账，哈哈哈！”

Fatima 说完，我们三个都笑了起来。

“你们那里的雾霾又没这么严重。”我感慨。

“可你们整个国家的人都在想办法解决这件事。不像我们，做什么都是一盘散沙。狮，你才是那个被羡慕的人，这里才是未来。所有的人都在看你们。”

那晚，Sarah 和 Fatima 的话，让我不得不重新审视自己的一些想法。

卞之琳说：“你站在桥上看风景，看风景的人在楼上看你，明月装饰了你的窗子，你装饰了别人的梦。”

当幸福近在咫尺，我们总是很难看清它、接近它、感受它，总将其误认为是一种烦恼。

殊不知，你所经历的烦恼，何尝不是一种幸福到来前的阵痛。

03

一次我去参加朋友的婚礼，在我对面坐了一个中年人，他小心翼翼地把鱼肉里的刺挑干净，然后给儿子吃。儿子问父亲：“爸爸，鱼那么腥，还有鳞，做起来很费事，吃的时候还有很多刺，真的好麻烦。”

父亲反问儿子：“那刚才的鱼肉好吃吗？”

“好吃！”儿子拍着手回答。

“因为鱼肉的味道鲜美，所以值得为之大费周章。做事情也是这样，你做成一件事之前会遇见各种各样的挫折和烦恼，但等到事情做成了，你反过头再来看这些烦恼，烦恼也变成幸福了。”

幸福到来前，常常伪装成烦恼的样子。

我们习惯于盯着远方和仰望高处，却很少留意身边和当下，忽略了寻常巷陌的风景，忘却了铅华洗尽的朴素。

烦恼的皮相之下，自有一派人间缠绵的烟火气。

若把人生比喻成一条河，途中总会遭遇各种各样未知的挑战和无穷无尽的烦恼。

从雪山逐级而下，不得不夹杂着泥沙，昼夜不息地奔腾；为了走出大漠，又必须忍受缓慢而酷烈的气候；横渡平原的时候，或被支脉分流，或遭洪水蔓延；直至入海前的一刹那，仍需奋力一搏，才能与之激荡交融。

而那些不忍回顾的途径，有的成了幽深险绝的峡谷，有的成了漫漫沙海里的绿洲，有的成了浩渺开阔的湖泽，成为人生那场波澜壮阔的旅途中最为引人入胜的风景。

每一束光都有穿越森林的力量

01

初中班主任刘老师前段时间忽然给我打电话，我深感意外——因为毕业之后我陆陆续续跟学校的老师和同学断了联系，隔了这么久，刘老师居然还记得我。他开口的第一句话是："刘漱考上北师大了，有时间你们可以见一面。"

我听完整个人都懵了。

心里问："谁？刘漱？那个捣蛋鬼刘漱！考上北师大？！"

但心里一想，刘老师口中的刘漱应该是重名，毕竟刘漱和我是同侪，今年也 25 岁，这个年纪，读研究生也该毕业了。

"刘老师，你说刘漱？"我想要确认。

"没错，就是和你同班的那个刘漱。这孩子不容易。听贺老师说你在北京实习，我就问她要了你的电话。刘漱开学前还提起你，说你当初给他同学录上写的签名，他至今还保存着，说你的字好看，又说起了当年你们一起玩儿的往事，他现在跟以前不一样了，如果有什么麻烦到你的地方，你力所能及帮一下他。”

刘老师随后短信给我留了刘漱的电话。

我有些忐忑地打给刘漱，他似乎一下子听出来我的声音，说：“小狮，好久不联系了。”

是的，初中毕业后，就再也没了联系，这么一算，也有小十年了。刘漱结束电话的时候，提出来周末见一面。约在北师大门口。

一见他，我整个人都傻了，眼前这个瘦子哪还是当年那个有着“钢板刘”之称的刘漱？

他戴着一副近视眼镜，脸上依旧挂着当年标志性的笑容，比起以前的又黑又壮，倒是白净了不少。只是他曾经壮硕的右腿却被不锈钢假肢代替，格外的明显。我瞬间明白了刘老师为什么在电话里对我说那句：他跟以前不一样了。

“你的腿？”我觉得没有必要回避这个话题。

“嗨，打架造成的。”

刘漱当年在学校是出了名的混混，因为长得又黑又壮，在学校和整个镇上，被人称作“钢板刘”。我刚到这所学校的时候，被安排在一个重点班里，老师、同学、陌生环境……有着诸多不适应。那天放学去食堂打饭回来一个人吃，忽然有个人在背后跟我说：“你是新来的狮小主吧？”我一扭头，眼前一个又壮又黑但笑呵呵的男生，当时我已经知道他的名字：刘漱——但对于他的那些威震江湖的名头，却一无所知。

就这样，刘漱成了我的第一个朋友。他非常关照我，据他说是因为我跟他亲妹妹长得很像，所以觉得亲切。

02

滴水成冰的数九寒天，刘漱每天晚上都会喊我一起去开水房接开水，然后回来冲泡面吃。

等的空当儿就让我给他讲故事，他特别喜欢听故事。

中考结束后，刘漱非要开小三轮给我往家送行李，一来我觉得路远，二来觉得难为情，三番拒绝。他不听，罕见地在我面前摆出了老大哥的架势，我只好听他安排，回家路上我坐在三轮车后边跟刘漱说：“你有什么打算？”

“瞎混呗，我做不到你那样，你来学校半年，大家都喜欢你，刘老师也说了，你考重点高中一点儿问题也没有。你知道我为啥愿意和你交朋友不？第一是因为你的确跟我妹长得太像了，亲切；第二我没真正的朋友，不知道为啥，我有点怵你，后来想想，不是怕，是敬你。”

学校到家有二十多里路，中间必经村落之间的麦田小道，大片金黄的麦子在夕阳下灿灿舞蹈，我觉得此时我和刘漱的心意是相通的，都想把自己的未来融入这片金黄的年华之中。

卸下行李，刘漱的诺基亚便响了起来，他跟我说："就这样，我有事先回学校了。"

"刘漱，你可千万别打架。"我隐约觉得他这两天肯定不会消停。

"知道了，考上高中记得给我来个信儿。"说完便开着他的三轮走了。

那是我最后一次见刘漱。

03

我和刘漱找了一个小馆子坐下来。

他跟我说："毕业那次打架，我得罪了一个来头很大的混混，腿也被人家打残废了，躲在家里不敢出来，我爸找上门去，那家人说最多赔给我五千块钱医药费，如果不服，就再打我，反正认识人，不怕事儿。"

"那时我就老是劝你，不要打架。"

"就是说啊，其实现在想想，我一点儿也不喜欢打架。但你身边的哥们儿都在打，你无法置身事外也就跟着打，就像《阳光灿烂的日子》里的夏雨，要想不被朋友圈儿孤立，你就只能拿砖头拍人脑袋。

可谁能想到，后来还打出了名堂，让虚荣心冲昏了头脑，真把自己当成电影里的浩南哥了。结果出事的时候，我的兄弟们全跑了。”

刘漱残疾之后，一度患上了抑郁症，几次想要自杀，父母因为他的颓废而惶惶不可终日，最后操劳成疾。

刘老师是刘漱的本家长辈，也是我们的班主任，因为刘漱的事情他来回奔波，通过朋友帮忙要回了一大部分医药费补偿。

后来他建议刘漱复习，争取考上一个好的高中。

可是刘漱因为治疗腿伤和抑郁症耽搁了一年多的时间，而且他的底子太差了，别说初三的课程，他连初一物理中的电路图和化学元素周期表是什么都搞不清楚。

“假如你不复习，你的腿成这样，又没有学历，将来去工地打工人家都不要你！你就争口气吧！”刘漱的爸爸最后撂下狠话。

刘漱走投无路，终于开始了漫长的复习之旅，从初二的课程开始学习。在刘老师的精心指导下，他从最初的暴躁和抵制中沉淀下来，慢慢进入了状态。中间他不止一次提出放弃，理由是年龄太大，压力太大。

考试前就因为一个学生看了他的报名表后说了一句：“你都 17 岁啦！”他差点又跟别人打起来。他从来没有这么自卑过，也没有这么束手无策过。

04

他说，那段时间他的精神亢奋到了极点，身体却虚弱到了极点，在灵魂面前仿佛有一头洪水猛兽随时会吞没他。

刘老师给他买了一套《神雕侠侣》，对他说："每个侠客在成长过程中都要经历一道道考验，郭靖是这样，杨过也是这样。杨过为了把重剑从有声练到无声，再从无声练到有声，最后随心所欲终至大成，在海中花了整整十年时间。你现在的付出，是值得的。"

于是刘漱迷上了武侠，金庸的"射雕三部曲"，还珠楼主的《蜀山剑侠传》，王度庐的《卧虎藏龙》，那个暑假他整整看了八十多本书，忽然有了醍醐灌顶的感觉。中考成绩公布，刘漱考了 580 多分，以高出省重点市一中录取分数线 12 分的成绩被录取。

他是真的喜欢看故事，从武侠到后来的传奇演义，再到各国名著，各种好看的故事都能吸引他，他的性格也逐渐变得温润，高考时他报考了北师大的中文系，被成功录取。

对我而言，这已经不是一个逆袭成功的故事了，而是一次青春之战的绝地反击。一旦失败，他的人生或许会从此一蹶不振。

"人谁还没个倒霉的时候，哪怕是山穷水尽，也要睁大眼睛看清楚自己是怎么被撂倒的。我不喜欢海明威，因为我们都知道，人既会被打倒，也会被打败。”

他又说：“你不必因为后来没有联系我感到抱歉，我听说了，那段时间，你的情况似乎也很糟糕，不过现在好了，我们又在北京见面了。”

05

我们都经历过天不怕地不怕的年纪，也有过一段烈马青葱无所顾忌的轻狂岁月，不同的是有的人在宽阔的大道上纵横奔驰一骑绝尘，有的人在逼仄的险道上面临乌云压城山雨欲来，有的人则堕入深谷泥泞之中满眼荆棘衣衫褴褛。这时，我们需要一束光来指引远方的路途，来聆听耳边的声音，来叩问内心的初衷。

更多的时候，我们渴望那道光从天而降，笼罩在我们所处世界的每个角落，成为保护我们身体和灵魂的那层铠甲，却往往忽略了那道光从何而来，它所携带的究竟是一种怎样的力量？

到后来，在满地黄花堆积的处境里，我们才猛然觉悟：那道光与生俱来隐藏在你我的身上，隐藏在那些守护我们的人的手中，每当挫折肆虐、风横雨狂之际，它便循环激荡，长歌漫舞，帮助每一个未曾言弃、不曾言败的人坚持到最后。

那道光长什么样子？

也许它是眼中的远方如诗，耳边的且听风吟，心里的锦绣前程，也许它压根就是林中的一节竹笋，河里的一丸卵石，眉间上的一个神情。它不会改变这个世界的一草一木，甚至不会让一只蜻蜓察觉它的存在，但它却有着可以越过高山、游过大海、穿越森林的力量，并将我们带到一个极尽美好的世界边缘。然后它会轻轻推你一把，对你说："我只能送你到这里了，请继续前进。"

我和刘漱分别的时候，他说："当初你开玩笑说我是'紫棠色面皮'的富安，我还不知道是谁，后来才知道被你戏弄了，哈哈哈。"

我说："你现在可不是富安，你是经过剥皮削骨历练之后涅槃重生的江左梅郎。"

我很感谢那道光曾眷顾我和刘漱的青春岁月，尽管它的出现并没有让我们成为万众瞩目的英雄，但我们却得以在漫长的生命旅途之中，汇成一条溪流，顺流而下，归入大海。

你努力成为自己的样子，真好看

01

人到了一定的年纪，就要面对一个几乎没有人能逃避的问题：做自己，还是做别人？

我曾写过一个短篇小说，里面的主人公对别人说：“我知道，我们都应该做自己，但是到后来，我们又都选择做别人。因为做自己太难了，意味着要独自面对孤独，质疑甚至危险……”

是的，做自己很难。

读大学期间，我参加过一个话剧社，社长是文学院公认的高才生。

当时正好赶上了微信公众号快速发展的时期，文学院的很多人都做起了自媒体，唯独他还在不停地写剧本，改稿子，排新的话剧。

有人曾对他说：“时代已经发展成这个样子了，死守着老旧的形式，最后肯定会被淘汰的。不如趁着机会开公众号，搭上自媒体发展的快车。否则就像电影里的小林大悟一样，乐队解散了，你还不知道发生了什么。”

社长总是笑着说：“没办法，就是喜欢这个。我不是为了赚钱。”

“不为了赚钱？那你为了什么，理想，情怀，真是假清高……”

有人就在背后说，这个人真能装。

后来，许多此前默默无闻的人，短短几年之间都成了几十万粉丝的大号作者，有的还签了畅销书的合同。

再后来，社长也开通了微信公众号，开始写关于话剧方面的内容。

因为内容门类比较偏，所以一直以来，他的公众号阅读量都不是很高。

冷嘲热讽的人说：“之前不是挺能装的吗？看到别人赚钱了，自己眼红了，现在还不是开了公众号？”

毕业前，我问过社长：“你有没有想过，你对话剧的执着很可能不会给自己带来什么利益？”

“要是想着赚钱，我早就跟他们一样了。”

“那你就不羡慕那些后来比你混得还好的人？”

“小狮，简单说，我的心里，无比清楚自己想要什么样的生活。所以，我不盲目地去追求什么，我不崇拜金钱，能安身立命即可。你呢，你想要做什么？你愿意活在别人的评价里，还是做你自己？”

社长的发问，让我语塞。

后来，他考进了中央戏剧学院。

研究生毕业，他凭借其导演的话剧，直接签约了国内顶级的话剧院，在业界崭露头角。

说真的，社长并不是他们那一茬儿里混得最好的，但他始终是内心最丰盈、最笃定的那一个。

有一次，他在朋友圈发了本科毕业五年的同学会班级照。画面中，半数的男生和女生已经油腻沧桑，有了太多社会的气息。唯独他，依旧保留着极为罕见的少年气质，温文儒雅，宠辱不惊。

我在北京实习期间，曾和他约在一家咖啡厅有过一次闲聊。

他还是那个样子，翩翩君子，温文尔雅，丝毫看不到时代的激荡在他身上留下的痕迹。

他说：“后来，我又想过这个问题。做自己，还是做别人？经历了这么多，我忽然意识到：其实，无论是做自己，还是做别人，都挺难的。做别人，可能换来别人对你的认同和赞赏，但你内心未必真的快乐；做自己，可能会遭到质疑和冷蔑，但你的内心是快乐的，真正的快乐。这大不一样。”

社长说到两个非常重要的点：第一，做别人，或者是做别人眼中的自己，都很难；第二，做自己，或许达不到世俗关于成功的标准，但很快乐。

一直以来，我们都活在世俗制订的成功标准中：考上重点大学才是正道，谋得一份体面的工作才是首要之事。鲜少有人告诉你：去做你喜欢的事情吧！

你听到更多的可能是：你就犯浑吧，迟早有一天你会后悔的！

02

我的闺密仄仄是那种一边吃着油炸薯片，一边追着最新美剧的女生。她对穿衣打扮这些女孩子天生痴迷的事情毫不关心，平时完全一派邋遢作风。

身边的朋友总是好心劝她，平时“多修边幅”，写了这么多书，又不缺钱，甚至还有点儿小名气，总这么大大咧咧的，让书迷看见了该多失望。

她毫不在乎。

有一次要去见出版商，她头天晚上硬是一夜没睡看完一季《风骚律师》，第二天一大早起来也不化妆，顶着一对黑眼圈和额头上冒出的两颗痘痘就出门了，最后成功签了新书的出版合同。

在她眼中，她所做的一切都是为了买更多好吃的零食，追到更好看的美剧，为此她专程飞到美国待了小半年，去搜罗当地的美食，住在当地朋友家里追 HBO 的新剧。

“我也羡慕那些自律的人，羡慕她们作息规律，饮食科学，更羡慕那些前凸后翘马甲线加持的好身材，但如果要我选，我还是选美食和美剧，没办法，这才是我。”

我羡慕你长得比我漂亮，我羡慕你滔滔不绝的辩才，我羡慕你有一个温柔体贴的老公，我羡慕你生在一个温暖和睦的家庭。

我羡慕你，但，我选择做自己。

哪怕这样的自己，有点儿消极散漫，有点儿懒惰颓废，没有什么远大志向，没有什么倚马才华，但没关系啊，做不成照亮夜空的月亮，做一只照亮小水洼的萤火虫也蛮好。

她说过的一句话让我至今记忆犹新：真正的勇气，是能面对当下的生活，面对真实的自己。

有多少人，当初立志要成为文学家、科学家、音乐家……却在生活的重压之下纷纷退缩，沦为平庸之辈。

03

小的时候，有一次爷爷问我：小狮，如果有人给你一座大房子，里面有你自己的卧室，有好吃的、好玩的，还有一台很大很大的电视，里面都是你喜欢看的动画片，但是要把爷爷卖给人家才行，你卖不卖？

我不假思索地说：“当然卖！”

爷爷听完哈哈大笑。

当时我还是个孩子，所以当爷爷给我描绘了一个童话世界的时候，我义无反顾跳了进去，不管身后究竟发生了什么，有多少人为之付出代价，只管顺遂自己的心意。

现在，我一定不会这么回答。

我还记得那次发生的事。小时候因为家里穷，小电视机接收不到中央电视台的信号，每次看《西游记》的时候，我都不得不跑到邻居家。有一次我跑过去，发现人家正在看别的节目，我就很生气地上去换了台，结果被邻居家的孩子推了一下，说：“这是我家的电视，有本事你别看！”

我哭着跑回家，爷爷为了安慰我，才问了上面的问题。

现在想来，就算不看《西游记》又有什么关系呢？没有自己的大书桌又怎么样呢？没有过节才能吃到的刀头肉又算什么呢？

现在一个手机 App 就可以装下几十万影音资源，去宜家可以买到任何你想要的大床和书桌，我可以周末坐高铁去千里之外的城市旅行，我还可以深夜叫出租车去吃海鲜……但我会怀念我指挥爸爸在屋顶调动电视信号天线的日子，我会怀念夏天晚上叔叔带着我去村头杨树林里摸知了的日子，我会怀念小时候睡在爷爷脚边、他忽然用脚趾夹我鼻子的日子。

我当然羡慕别人家能收看《西游记》的电视机，也羡慕穿漂亮衣服的同学，但如果像爷爷说的那样，要用他去交换，我一定会拒绝。

我选择不怎么富有的家庭，因为这个家给了我最深沉的庇护；我选择不怎么慷慨的亲人，因为他们给了我无私的爱；我选择不做小公主的自己，因为生活的磨砺给了我一颗感恩的良心。

04

只有成为真正的自己，你才能获得内心的平静，才能面对世俗的评价和标准而义无反顾举重若轻，也才能在别人荒芜的心里撒下一颗温柔的种子。

而那颗种子悄然长大，就能引来东风。

现在，我也到了越来越忙的年纪，偶尔抬头看看天，看着晚晴夜空闪烁的星星，希望自己变成其中的一颗，徜徉在浩瀚的银河之中像鱼一样游弋。

我羡慕星光的美丽，但我知道仰望同样是一件美好的事情。你不必成为它，因为你也不可能成为它。

但你可以让心里住进一片星海，就像辽阔的夜幕中因此有了光明。

就像你奔波半生，心里依然藏着少年的情怀；就像我羡慕你，但我依然做我自己。

我遇到过很多人，也乐此不疲一遍遍告诉别人：做你自己。与其做别人也累得半死不活，不如真正地做好自己，安顿好自己的人生。

做自己，比做别人有意思多了。

除了你自己，你不必成为谁

01

不知从什么时候开始，朋友圈里，同学之间，微博上，畅销书里，仿佛一夜之间冒出了无数的成功典型，好像在这个全民“中国梦”的时代里，你不去思考成功就是一种犯罪和自甘堕落。

总之，你必须成功。

即便不成功，也要给自己贴上一个尚未成功的标签，顶在脑袋上，吾日三省吾身，以彰显自己的努力和上进，表明自己的“时代清白”。

你连成功的梦都不敢做，和咸鱼与死猪有什么区别?

这话听起来简直站到了人类道德和情感的制高点，你稍有怀疑，就会被视为大逆不道。

于是乎，人人甩起膀子，抡起胳膊，垫高脚尖，削尖脑袋，希望自己成为一个别人眼中的成功者。比起成功来，普通人的标签让人寝食难安，战战兢兢，如坠深渊。

我常在想，这个世界真有那么多成功的人吗？

于是想起了高中时代，我一个很好的朋友曾经说过的一句话。

02

上学的时候，很多人都经历过分班。

初中有冲刺中考的“火箭班”，高中有筛网分出的“重点班”，那些最会考试、成绩最好的学生，会被分到一个班级里，被寄予厚望。高二的时候，我就曾“荣幸”地被分到了一所重点高中的重点班里面。

和我一起读初中，又一起考上高中的同学里，有一个成绩非常好的女生，因为高一时家里出现了变故，导致她高二分班的时候，没能进到重点班，而是被分在了普通班里。

我们两个班离得非常近，所以我们经常在下课和放学以后一起聊天和吃饭，我也会把一些只有重点班才有的课堂笔记分享给她。

我们之间无话不谈，唯独对她没能进入重点班的事情只字不提，因为我怕伤到她的自尊心。

高三第一次模拟考试后，她的成绩排在了班级第一，在 16 个普通班里，也排在前三。为了庆祝，中午我们在食堂开了小灶。

饭吃到一半，她对我说：“小狮，你知道吗？为了这一天，我一直默默努力着，就是为了这一天……”当时她两眼泪水。

“你终于证明了自己的成功。”

“不是的，我是终于可以面对自己的失败了。”她的回答让我备感吃惊。

她说：“直到今天，我才有勇气接受自己是一个普通班学生的身份。”

那一刻我忽然意识到：原来，比起自豪地向世界宣布我是成功者，承认自己的普通与平凡，需要更大的勇气。

“那你干吗哭？难道不该开心嘛！”我问她。

“因为我觉得做一个普通的学生也很好啊，哈哈哈！”她没心没肺，笑靥如花。

那是我第一次重新认识到“失败”或者说“不成功”抑或者“普通”这些词的含义，也是我第一次觉得，哪怕不能成为一个成功者也没什么关系。

看似平铺直叙的失败和普通，其实有那么多值得推敲和有意思的环节等着我们去发现。

就像是成功者在珠穆朗玛峰顶端举起旗子，而暂时的失败者也在攀登的途中成为坐标。

03

在北京实习期间，我接了一个电影的剧本写作，周末常会出来和导演坐在一起讨论和修改剧本内容。

那天，初步敲定了4万字的大纲。我们两人都挺高兴，坐在一起喝咖啡，然后就聊到了现在的影视剧编剧行业。

导演说："你看现在的编剧，一般30岁左右写得好的就能出来了，出名要趁早，时间不等人啊！《夏洛特烦恼》的编剧，现在多火！你呀，必须想着成功，想着像别人一样赚大钱！"

我全程默默听着，不知道该怎么回答。

我完全理解他作为一个导演考虑问题的角度，但同时，我心里有一个微弱的声音，在一遍遍提示我——我只是爱写作，我写剧本，是因为我觉得好玩儿，并没有想要当芦苇、刘恒那样的名编剧；我写小说，是因为我爱这种文学形式，也并没有想要成为下一个莫言、贾平凹。

我只是喜欢而已。

然而，我当时没有说出来，因为我怕别人说我"幼稚"。

显然，不仅仅是那位导演有这样的想法。我的第一份工作是运营一个微信公众号，因为经常写文章，所以跟主编的交流会很多。他知道我平时写小说，有一次我们去西北出差，在车上无事闲聊。主编问我："愿不愿意写剧本？现在的大环境，单靠小说，你很难养活自己，写剧本报酬会很高，你也能借此更快成名。"

我说："我还是想写小说。"

"现在写小说的大多是一些网文作者，你很难被发现。就算被发现，想要像唐家三少那么火，也几乎是不可能的。"

我当然知道他们的好意，但我还是拒绝了。

我承认，我想成为一个好的作家，但关键是我现在只想好好地写完这本小说，哪怕我是一个默默无闻的菜鸟。

这有什么关系呢？

等到真的有一天名利双收的时候，我还会对一件事情这么不顾一切和充满激情吗？

我想不会了，做不好普通人，又怎么能做好一个成功的人呢？

这需要我有更大的勇气来为自己的行为负责和承担后果，这种勇气需要我抵制诱惑并且坚定信念，同时要做出忍让和牺牲。

假如将兰草放在百花园中，其姿态颜色自然是无法和其他花草争奇斗艳的。比起国色天香的牡丹，比起花团锦簇的月季，兰草单薄又缺乏风情。只能躲在一角，被别人忽视。而假如将其置于空谷之中，松涛漫卷，山峦微影，兰草的幽姿便能瞬间映入人的眼帘了。

白日不到处，青春恰自来。苔花如米小，也学牡丹开。如同那首歌唱道的："野百合，也有春天。"

你不必成为谁，别人记住你，一定只是因为你是你。

04

看过一则采访，主持人问比尔·盖茨："盖茨先生，您是怎么成为一个成功的人的？"

盖茨笑着说："我只是一个成功的商人而已。成功不仅仅是用金钱、权势、名望、曝光度、人气来衡量的。所谓的成功，更多仰仗的是诚实和朴实、怜悯和勤奋这些早已经被我们忽略的东西。"

这个故事，是我杜撰的，不用当真。

我们都渴望以成功者自居，却忘了面对平凡时的巨大勇气。以至于在成功来临之前，我们就已经失去了赖以成功的根基。

你有面对成功时的巨大欢愉，可你有面对失败时的巨大勇气吗？你有面对平凡和普通的生活时那种悠然自得、不乱方寸的心态么？

沧浪之水清兮，可以濯我缨；沧浪之水浊兮，可以濯我足。

除了你自己，你不必成为任何人。

Part 2

真正的优秀，都是努力得来的

你想抵达终点，那你势必要在等待和后退的过程中，想好对策，继而等待时机成熟，继续前进。毕竟对于一个赶路的人来说，后退就是一种失败。

你的努力，就是给对手最大的反击

01

先来重温普希金那首有名的诗：

> 假如生活欺骗了你，
>
> 不要悲伤，不要心急！
>
> 忧郁的日子里需要镇静：
>
> 相信吧，快乐的日子将会来临！

在生活中，我们难免有不顺心的时候。可快乐的日子，绝不是靠“相信”等来的。

当初，我给一个读大四的师妹提提介绍了一份新媒体编辑的工作。

提提本科读的是中文专业，平时喜欢写作。加上我此前结识了不少自媒体圈子里的朋友，所以恰好从中搭了个桥，推荐她去了一家在业界颇有实力的公司。

原以为，只要她好好工作，说不定毕业的时候就直接转正留在那家公司了。

前段时间，提提忽然来学校找到了我。

她一脸委屈地跟我诉苦："小狮姐姐，我都不知道该怎么办了。"

原来，自打主编让她接手一个项目后，她手头的工作就一下子变得多了起来。一方面原有的编辑工作已经接近饱和，每天找稿、选稿、排版，还要做好文档和主播进行沟通对接，本就忙得晕头转向，现在又有了新的任务。

她有情绪，就去向主编抱怨："这么多事情，我一个人哪做得完嘛，跟我一起来的那两个实习生，都没什么事做……"

主编只跟她说了一句话："你有时间去观察别人，说明工作真的不够多。"其他什么也没跟她解释。

那天夜里 12 点多，主编给她打电话。

"提提，有个热点你能不能连夜赶一下？明天可以在家休息。"

提提跟我说："我当时简直想把电话摔了，但是，我还是起来熬夜写完稿子了。"

第二天下午，因为有一个非常重要的会议需要参加，提提必须出席。因为路上堵车，她到公司的时候，会议已经开了10分钟了。

开完会出来，另外两个实习生半开玩笑地说："关系户进来的就是不一样啊，要是我们迟到，早被骂了！"

提提委屈地躲到厕所里哭了起来。

她这次来找我，是觉得自己受到了不公平待遇，所以想辞职。

我问她："你那天几点写完的稿子？"

"凌晨5点。"

"你发给主编的时候，她多久回复的？"

"立刻就回复了。"

其实这件事我早就知道了。她的主编，也就是我的好朋友希，跟我提起过。

"你可能不知道，那天晚上希主编也是一夜没睡，除了陪着你写文之外，她还在和电商以及技术小组沟通，连夜写了一篇配合你们产品销售的文案出来。第二天早上你休息的时候，她帮你改完文章，还要为下午的会议做准备。"

"那两个实习生明明没事做，主编还批评我……"

"提提，人家都是名牌大学毕业的，你呢？一个省重点院校的本科毕业生。你还没毕业，如果不努力一点儿，怎么留在那家公司？在球场上，只有裁判的裁定，没有你认为的公平。"

我没有继续说下去。

02

提提也没有辞职。

而且，她写出了自己的第一篇 10w+ 广告文，她负责的那个项目得到了公司领导的大力赞赏。

提提拿到毕业证那天，即被转正，她也是唯一一个被转正的实习生。

后来提提请我跟希吃饭。

席间，希跟提提说："我们都是这样过来的，如果你不比其他两个女孩儿更努力，凭什么留下的人会是你？"

其实，不论我们在生活中，还是在职场上，总能遇到这样那样的"不公平待遇"和"对手"。

这个时候，我们如何自处？

遇到不公平就哭哭啼啼，或者是卖萌撒娇，以为这样就能获得同情和怜悯？遇到对手就心生胆怯，或者找个理由搪塞一番，以为这样就能蒙混过关？

错！你只能予以反击。

不用抱怨别人和你拿同样的工资，却干着比你少得多的活儿；也不要抱怨老板处处针对你，却对别人网开一面；更不要抱怨生活时时找你的茬儿，动不动就拿你寻开心、逗乐子。

没有一寸土地是绝对平整的，方圆百里，即有丘壑。

如果你看不惯某些事情，你要做的便是动手解决它，而不仅仅是批评或者辩解。就像一个远行的人，在途中难免会因为各种意外，如下雨、道路塌方，或者遭遇歹人，而不得不暂时停止前进，甚至退回去一程。但假如你想抵达终点，那势必要在等待和后退的过程中想好对策，等时机成熟后再继续前进。

对于一个赶路的人来说，后退就是一种失败。

03

《西游记》中，取经的师徒四人被困火焰山前，猪八戒劝唐僧走其他的方向，后被沙悟净反问："那什么方向有经？"

八戒语塞。

东南北三个方向都无火，都是平安大道。西方火焰连绵八百里，妖魔横行。可要取到真经，只能往西走。有经处有火，无火处无经。

生活中，有人会跟我们开玩笑。开玩笑的人往往会抓住被开玩笑人的弱点，根本不用冷嘲热讽，被开玩笑的人就已经毫无还手之力了。

越是这个时候，越不能像庙会杂耍摊上的猴子一样，任人摆布。

但人是幸运的，只要你愿意，就完全可以在保全自己的情况下来一个漂亮的反击。

就如同《肖申克救赎》中的安迪，虽被禁锢在高墙之中，依然可以凭借智慧和毅力，让自己重获自由。

有个流行的词，叫作“实力打脸”。

飞机想要冲上云霄靠的是什么呢？是强有力的引擎。马力足够，其声必咆哮，搬砖都能上天。

或许，普希金的诗可以做如下修改：

假如生活欺骗了你，
不要悲伤，不要心急！
忧郁的日子里你只管努力：
请相信——
你的努力，就是给对手最大的反击。

谁不是掉层皮，才从平庸跻身优秀

01

大四下半学期，萧萧和出版社签了新书的合同。

新书签约，理应是一件大喜事。但是她的室友看了签约书后态度罕见的一致：“萧萧，这哪是签约啊？这分明就是卖身条款嘛！”

原来这是一份买断合同，也就是说，不管这本书的销量是惨淡，还是会出现几十万销量的奇迹，都和作者没有任何关系，她能得到的仅仅是一次性支付的 1 万块钱稿酬。

毫无疑问，这样的条款对作者来说无疑和“卖身契”一般。

听完众人的苦劝后大家原以为萧萧会反悔，但她并没有那么做，也没解释，只说了一句：“也许每个人，都有自己的想法和考虑吧。”

此后很长一段时间，都有人在她背后指指点点，说她见钱眼开，为了一点儿蝇头小利，就出卖自己的才华，被人骗了还在帮别人数钱，还念对方的好。

萧萧一直没解释过什么，每天除了上课、写论文，就是忙自己的书稿。

有一次参加班级活动，萧萧因为在图书馆查资料没能及时接电话，所以晚来了20分钟。

活动结束后，隔壁两个女生笑着对萧萧说："大才女，这么忙啊？为了1万块钱也是拼了。"

还有一次，她们宿舍其他五个女孩子约了去唱歌，就喊萧萧一块儿去。萧萧因为一边写论文，一边写稿子，无法抽身就婉拒了。

一个女生当场就不高兴了："不就为了那么点儿钱嘛，还真把自己当回事儿了，装。"说完，扬长而去。

等她们唱歌吃饭回来，萧萧还在写。熄灯后，为了不影响大家休息，她就放下床帘再继续写。

对床的女生忽然跟她说："萧萧，你打字的键盘声太吵了，我都没法睡觉了！"

后来，萧萧就每天拿着笔记本去泡图书馆，直到熄灯前才回来。

那段时间，她被寝室的女生彻底孤立了。

毕业那年夏天，我在家里收到了萧萧寄来的新书。萧萧新书出版的消息，也很快在班级的群里炸开了。

除了祝贺，群里还出现了另外一种声音。

“恭喜萧萧哇，一下就赚了 1 万块钱，我现在还在觍着脸跟爸妈要钱，好惭愧！”谁都明白这话是在讽刺萧萧。

萧萧说要给每个人送一本书。她们寝室的女生又跳出来说：“算了，别忙了半年，最后卖的那几本还没送得多，挣那点儿钱都贴补给我们了，多不合适。甩个链接，怎么也要支持一下的。”

当有手快的同学把网上的销售链接丢进来后，大家才惊讶地发现，这本书已经在平台挤进了畅销排行榜的前 20 名。

“萧萧，这回你亏大发了，当初就叫你不要把版权全部卖给出版社的。”

话说到这个份儿上，换作任何一个人，也受不了别人这么冷嘲热讽。

可是萧萧在群里说：“对于得失，每个人都有自己的判断。也许在大家看来，我这么做是有点儿傻，但如果我不把这最困难的第一步迈出去，就很难进入写作这个圈子。尽管代价有些大，但好歹这一步迈出去了。事实证明，我的书是受大家欢迎的，这已经是个很好的开端了。请继续关注我明年将要出版的两本新书吧！”

原来，就在萧萧的新书杀进畅销书排行榜后，就有两家大出版社找到了她，一口气跟她签下了两本新书的合同。

这次的合同，不再是买断版权。而是作者拥有作品的所有版权，出版社支付版税，会根据销量给作者进行分成。

三年后，萧萧以当红畅销书女作家的身份回到母校演讲。

谈及这段往事，她感慨地说道："就像蔬菜不是从超市里长出来的一样，优秀也从来不是天生就属于谁的，谁不是掉层皮，才从平庸跻身优秀？除了付出努力，我们更要忍受孤独和外界的质疑，而你只能义无反顾，用发着光的结果，照亮黑暗。"

她此行的另一件事，就是将自己第四本书的20万元稿费捐给院系，并委托院系成立一个小的写作励志奖金。

如今的萧萧再也不是那个被人指指点点、百口莫辩的小女孩儿了。她身兼数职，除了是畅销书作家，还担任着一家上市传媒公司的内容总监。年初，她又成立了自己的工作室，忙得不亦乐乎。

曾经对她冷嘲热讽的人，现在只剩羡慕的份儿了。

02

有一次，我早上出门晚了一些，刚好赶上北京地铁的早高峰。在拥堵的扶梯前，数百人的队伍缓慢朝扶梯口移动。

我一扭头就看见一个男生手提行李箱，三步并两步上了楼梯。他的两边和身后空无一人，楼梯就在一边，但大多数人不愿意走，为什么？

因为百十个台阶需要自己一步一步吭哧吭哧走上去，相比起来，人们更愿意多花点儿时间等电梯，毕竟那样更省力气。

那个提着重重的行李箱走楼梯的男生，虽然比大多数的人花了不止十倍的力气，但他也比大多数人更快地到了候车位上。

很多人觉得，这是傻子，累得气喘吁吁，满身大汗有什么好？殊不知，人家早就坐上地铁找到一个座位，闲适地拿起书来翻看了。

成长就是千军万马挤过独木桥，尽管汗水浸染着衣衫，依然策马在前。

我们要如何从平庸跻身优秀？付出更多的时间，拥有更大的勇气，忍受更深的孤独。你会有焦急、无助、恐慌、绝望的时候，你也会有脱胎换骨、踌躇满志的时刻。

就像竹节破土而出，就像蛹破壳为蝉，就像绿芽在枯树的枝杈上萌蘖，就像旧梦初醒，尽管内心沧桑，却已面貌欣然，宛如此间少年。

我又想起了萧萧说的那句话：你只能义无反顾，用发着光的结果，照亮黑暗。

如果不努力，机会凭什么留给你

01

前不久，一个大学同学给我打电话，询问我在北京实习的境况。然后他说想来北京工作，理由是这边工资高，机会多。

我问他："来北京，你想做什么？"

他想了一下回答我说："说实在的，我还没想好。你看我也没什么特长，又不懂技术，但北京机会那么多，我想试一试运气，你看你在北京不是也混得挺好的吗？"

我听明白了，这位朋友的言下之意是：咱俩是一个大学一个专业一个班出来的，你狮小主都能在北京站住脚跟，我应该也没什么问题。

原来人家是探我的消息，拿我这反面教材找优越感来了。但既然已经成了"反面教材"，我觉得还是应该给他一些中肯的建议，我大概问了一下他的工作情况，最后他说：“刚毕业也不用想那么多，先找个工作干着，找到好的再跳槽，只要工资高、待遇好就行，销售和坐办公室都无所谓，你身边有没有什么好的工作可以给我介绍一下。”

我问他说：“文案怎么样？或者是活动策划？”

他明显表示嫌弃，说：“文案是个清水衙门，没啥绩效，也没啥升迁的机会，最主要的是我笔杆子不行，一写东西就脑仁儿疼！活动策划说白了就是找酒店、列时间表、拍照、吃饭，没意思。”

我又问：“那做销售怎么样，卖房子或者推销员？”

“主要销售跟咱的专业也不太一样，而且我听说销售的底薪都很低，全靠提成，万一没卖出去东西，还累个够呛，不太划算吧。北京房子那么贵，哪那么容易就卖出一套？何况那些买房的都喜欢年轻漂亮的女孩儿，我这一大老爷们儿人家肯定连看都不看。”

我没办法了，只能问他想找什么样的工作，他也说不好，但符合一个条件就行：工资高，而且稳定。

这样的工作谁不想有？

按照他的说法，适合他的工作恐怕也只有买彩票一夜暴富和拿钱不管事的项目负责人了吧？说句难听的，即便有这样的机会，想必也不会落在他的头上。

像这种贪图安逸的人，即使有朝一日机会真的来了，他能抓得住吗？

恐怕未必。

02

这让我想起了我的一个远房表哥，他大专毕业后被家里人安排在郑州某个客车龙头企业里做技术员。

春节前，公司申请到了两个去韩国交流学习一年的名额，不但是公费学习，回来后的待遇更是会提高不少。不过这个名额也很难争取到，因为公司有硬性规定：出国人员必须达到基本的韩语口语表达或英文六级水平，因为要在现代公司实习一年，全程都要用韩语和英文交流。

表哥本来依靠关系是有机会去韩国的，可他一句韩语都不会说。

平时家里人都劝他学一门外语，这样将来才有更多的机会，毕竟他工作的客车公司在全球都有一定的影响力，跟韩国和美国更是常年打交道，公司每年也都会派遣工作人员去学习交流。但表哥对学习一点都不感兴趣，下了班就只是打游戏、打台球。

这次就只能眼睁睁地看着身边的同事将名额拿到手，他心里不服气却无可奈何。

“当初让他好好学习，他就是不学，现在好了，摆在跟前的机会，他都抓不住。”小姨提起这件事，总是一副恨铁不成钢的样子。

人脉和人情这种东西，可能会派上大用场，可在关键的时候它也一点用都没有。毕竟到最后拼的、靠的还是真本事。

如果自身没能力，即使机会摆在面前，别说接不住了，恐怕连手都不敢伸。

03

来北京半年后，我渐渐认识了一些做文化传媒的朋友，有一次和 Zard 聊天，Zard 随口问我平时除了写文之外，有没有写过剧本。她的一个好朋友是导演，正在做动漫电影，想找一个实习生参与剧本创作。

此前我一直在写小说，对剧本创作一无所知，并且知道剧本和小说完全是两回事。

Zard 让我考虑一下，并给我发了一段文字，要求我就此改编成一个 7000 字的片段。

“这 7000 字写出来是没有稿费的，你考虑清楚，一旦编剧觉得可以，你们再正式签合同。”

那段时间正是我工作最忙的时候，因为北京冬天干燥的天气，我的眼疾也时好时坏，整个人神经都绷得很紧。但我又知道这个机会难得，于是考虑了一晚上后，还是答应了。

这样一来，我几乎要压缩所有的休息时间来构思剧本，白天在工作上苦思内容，到了晚上实在是不想再动脑筋，但是又必须强迫自己拿出四个小时来构思这个片段，有时候还要被主编的电话打断，因为又有热点了，思路就全部被打乱了。

三天后，我交了初稿。

一周后，我和导演签保密协定，从7个备选写手中被选中。

那个春节，我留在北京完成了12万字的故事梗概，故事改了3遍，大大小小的修订不下10遍，最后我得到了相应的报酬，也几乎付出了我所有的精力和时间。

“你就是吃这碗饭的。”朋友对我说。

“你只看到了结果，我只是抓住了机会。”我如此回答。

大年初一我还在改稿子，大年初四跟导演碰面修改，大年初六终于定了稿。我当时真的在想，如果大年初七还写不完，这一年我就真的一天假期都没有了。交稿那天，我冒着寒冷至极的北风去了天坛，心中五味杂陈却有种说不出的轻松，仿佛劫后重生。

04

记得有个笑话说，宇宙空间站的一个成员因为喜欢抽烟，离开地球时将行李箱里装满了雪茄，一年后回到地球的那一刻，他发了疯一样地从太空舱中跑出来，口里大喊：“谁有打火机！我要抽烟！”原来，他忘了带打火机。

这个宇航员难道没有做准备吗？当然有，为了这一年不那么难过，他准备了一整年的雪茄，但他却忘了最重要的一件事——带打火机。

那个打火机就像是一个人应该具备的能力一样，如果没有这个，就算你身边有再多雪茄烟，你也享受不了。

雄鹰不仅仅要学会飞翔，还要有捕杀猎物的敏锐目光和矫健的身手；花蕾也不仅仅是熬过冬天绽放，还要借助风的力量释放芬芳宣告春的来临。

如果你要去一座造梦之城，你手中是否已经握有攀登梦想阶梯的工具？如果你渴望远渡重洋，你心中是否早早规划好了航行的方向？

左手以梦，右手为马，天涯虽远，亦可至也。

昨天重温《士兵突击》，我发现一个细节：军中比武时，许三多居然能一字不差地背出各种武器型号参数——甚至连弹道的各个参数也都熟稔于心，连许三多这样的笨人都练就了一套过目不忘的本事，我们又有什么理由懒惰？

如果你什么都没准备，你不会成功，机会掉下来只会连人带土砸成一个坑，所以你需要去准备；如果你什么也不会，你也不会成功，机会掉下来你连接住的勇气都没有，所以该准备的就早做准备，该学的本事也早点儿学。

机会永远只留给那些有所准备并且掌握一技之长的人。

机会永远只留给那些左手以梦、右手为马的人。

有种勇敢叫躲起来哭泣，微笑着走过人群

01

从自习室回到寝室，闺密告诉我说臣如学长破产了。

“听说是被两个合伙人生生挤对走的，真是狡兔死走狗烹，太可怜了。”

“怎么可能？上周我还听他说要跟客户谈合作，准备新项目呢，你们别没事儿捕风捉影，这肯定是个假消息。”

直到一周后，我正焦头烂额准备研究生毕业论文的开题报告时，忽然收到臣如学长发来的短信：小狮，走之前一起吃个饭吧！

我们约在学校旁边一家小餐馆，这家店的松鼠鳜鱼很有名。

臣如学长是江苏人，他说这家店的老板是他的同乡，手艺很地道，所以他平日请人吃饭，都会来此照顾生意。

“想必你知道了，事情虽然不像外面传得那么波诡云谲，但我的确被扫地出门了，虽然有些不甘心，但事已至此，也只能接受现实了。就当是陪太子读书，缘尽于此。大不了从头开始，筚路蓝缕，以启山林。”臣如学长云淡风轻地说。

他生在书香世家，爷爷还做过晚清的举人，沐浴在这样的家风下，说起话来总是诗词歌赋、成语典故信手拈来，让我们这些只浸淫本专业知识的人备感学识浅薄。而他名字里的“臣如”二字，也有出处，出自《汉书·郑崇传》“臣门如市，臣心如水”一句。

偏偏这样的江南才子却喜欢北国风情，他在郑州大学读完本科和研究生，毕业后留在了郑州。

02

“接下来，你怎么打算？”

我心里在想：如果是我辛辛苦苦做起来的项目，找来了风投，打开了市场，却被对方合起伙来排挤走，事业没了，更糟糕的是女朋友也在这个时候提分手，就连父母也反对继续留在北边发展，这些加起来一定会让我崩溃的。

臣如学长从一旁的书包中拿出厚厚一沓装订整齐的笔记交给我。

“这些是我准备司法考试时整理的，应该对你有所帮助，另外里面有一些历届法学院的优秀毕业论文，你可以参考。”

这于我而言犹如一场及时雨，但我却无法理解此时面对的学长——他的平静从何而来？

面对前途未卜的将来，他哪里来的勇气和信心？

我们正聊着，炸好的鳜鱼上桌了，服务员往鱼身上浇下热气腾腾的卤汁，鱼便吱吱地“叫”起来，然后变成了一只松鼠。臣如学长让我动筷子。

我实在是忍不住，于是说：“如果需要帮忙，我会尽我所能。”

我这么说，完全是因为臣如学长是我在读研究生期间遇到的最优秀的男生——连续三年的国家奖学金获得者，还因在“挑战杯”大赛上击败复旦、人大的学霸一举成名，按照这样的势头他很可能会被保博，在毕业后留校任教，但是天性好强的他选择出来创业。

后来，他联合另外两家公司的董事接手了一个数百万级别的项目，从创意到线上线下的准备，再到天使投资人进行第一次评估，他几乎以一己之力扛下了所有的关键环节。

我也有幸参与进来作为他的助手，做了一些简单的文案工作，并深深被他的才华所折服。

我们一度以为，臣如学长会是法学院走出去的最年轻的千万富豪，可谁也不会想到，这样的奇才如今却坐在这里，口袋里只剩下200块钱，刚刚够为这顿饭埋单。

“就像鳜鱼一样，在没有浇灌汤汁之前，它整个都处在焦灼的状态，而一旦浇上汤汁，会瞬间绽放到极致，而这个过程里，你可能面临一切美好，也可能面临诸多不测，有一点是肯定的：不管是焦灼还是绽放，你都避无可避，只能咬着牙，砥砺前行。小师妹，我知道你现在压力也很大，一个人要面临这么多的事是需要一些勇气的。请你一定要记住，不管发生什么，不要怯场，坚持下去。”

我坚持要埋单，臣如学长轻轻把我推出门，说：“小师妹，等我东山再起了，一定请你吃我们江苏最正宗的松鼠鳜鱼。今天，你就凑合一下吧。”

03

回到宿舍我坐在椅子上对着电脑发呆，闺密走过来，我感慨地说：“臣如学长太了不起了，这么大的事，就被他这么三言两语戏说过去了。”

“三言两语？你只是不知道而已，臣如学长破产后只能到城中村租房，正好住到了咱班一个男生的隔壁，他说臣如学长有段时间每天晚上都醉醺醺地回去，有一次他在房间里大喊大叫骂那两个合伙人是混蛋和忘恩负义的小人，还哭了。出这么大的事儿，要是我，跳楼自杀的心都有了，哪能不崩溃呢？”

听完这些，我不知道该说什么，也许有些东西我理解错了吧。

孔夫子说："智者不惑，仁者不忧，勇者不惧。"勇者不惧，也许指的并非是锁定乾坤，一切尽在掌握的豪情。

西西弗永远无法将巨石推上山顶，夸父永远追不上太阳，神农氏明知道百草有剧毒还要亲尝，唐吉诃德明知道冲向风车即是死亡还是策马扬鞭。也许你正被奴役，也许你正在苦苦追寻，也许下一口就是穿肠毒药，也许下一步就是万丈深渊。

可勇敢者，永远不会退缩，哪怕他焦灼、痛苦、恐惧，甚至绝望，他的脚步始终向前。哪怕他衣衫褴褛，身无长物，最终也一定会上演自己的"出埃及记"。

它并不总是光鲜、明媚的，它也可能饱经沧桑、久经风雨，即使最强大的人在某个瞬间也会潸然泪下。

半年后，我再次见到了臣如学长。

春日的阳光下，他嘴角带着自信的笑，将手中的名片递过来。那一刻，有两件事我可以确定：第一，我能吃到正宗的松鼠鳜鱼了；第二，如果说臣如学长之前的勇敢是一种无所畏惧，那么现在的勇敢，则是一种无可匹敌的洪荒之力。

我深信他一定能东山再起。

"小师妹，听说你的司法考试考得不错，论文也准备得差不多了，接下来招教跟公务员考试齐头并进，入党和实习左右拉弓，不亦乐乎啊，早就说你行的嘛！而且，我是真的真的要谢谢你那天给我发的短信。”

“我都忘记我说什么了？”

“喂喂喂，这可千万不敢忘啊，它后来可成了我的座右铭。说好了，今年七月咱们太湖之畔再见，松鼠鳜鱼管饱！”

“知道了，学长再见。”看着臣如学长的车子渐行渐远，我真心替他高兴。

我拿出手机，重新找到那条短信：

我一度以为，所谓勇敢就是那个冲在队伍最前面的人，就是路见不平拔刀相助，就是对一切都游刃有余并且战无不胜，就是强大到可以百毒不侵。但此时我深知：所谓勇敢，并非无所畏惧，而是咬紧牙关待时绽放；并非战无不胜，百毒不侵，而是绝不言弃，刮骨疗毒；狭路相逢，横刀立马谁人惧，沧海横流，力挽狂澜大丈夫。

但也有一种勇敢：它躲起来哭泣，却微笑着走过人群。

真正的优秀，都是自我的

01

七夕刚过，我给在天津读书的妖妖打电话，问她是怎么过节的。

“我哪有时间出去逛啊，恶补口语中，感觉又恢复了高考前的状态。”

原来，两个月前她被院系选为赴哥伦比亚大学的交换生代表。于是，妖妖开启了疯狂恶补英语模式。

“偶尔也放松下嘛，你都这么优秀了，还这么拼，让我们这些人情何以堪？”

“哎，是啊！不过我总是说服不了自己。可能在很多人眼里你已经足够优秀了，但自己却总觉得还远远不够，还能再好一点儿。每次把自己逼得很累的时候，只能自嘲一句：你呀，就是自找的！”

当初，我和妖妖是高中同学加同桌。妖妖的英文几乎每次都考全校第一，就连老师也觉得妖妖是天生学英文的料，我也一度认为老天赋予了妖妖独一无二的语言禀赋。直到我们做了同桌，一次我找她借词典，妖妖把她的《牛津高阶词汇》借给我，我当场就被吓住了：两块砖头厚的词典，几乎每页都标注了密密麻麻的笔记！有些地方因为经常翻到的缘故都已经脱页了。

挂电话前，妖妖忽然跟我说："小狮，你说我要不要再拼一把，读一个哥大的博士？"

我知道，妖妖心里其实早已经有了答案。

大多数时候，我们更愿意称道一个人的天才和禀赋，却闭口不谈他们为之所付出的努力和辛勤以达到一种心理平衡。

我们更愿意接纳一个天赋异禀的妖妖，而不愿意接受一个翻烂了字典、牺牲节日和一切业余时间发奋用功的妖妖——因为绝大多数人都可以成为后者，只是很少有人愿意去这么做。归根到底，没人愿意承认：差距的产生可能只是因为自己的懒惰和懈怠。

每个人渴望优秀的同时，也怕麻烦上身。

02

大学入学时，我报名参加了游泳社。

期间，一位年纪将近60岁的老爷爷要报名参加社团。他说他是学校新聘的老师，因为以前一直待在平原，所以想学游泳的夙愿一直没能实现。这次到了大连，就想把这个遗憾弥补一下。于是，老爷子就成了游泳社最年长的一位学员。

第一次活动的时候，大家进行了一场游泳比赛，社里有几位省队的游泳高手也参加了，精彩的比赛让现场的气氛非常热烈。老爷子兴致也很高，但毕竟没下过水，所以只能坐在池边把腿放进池子里慢慢摆动。

这时有人起哄："老爷子，下来咱们赛个1000米！"

"好好好，一年之后，咱俩比比。"老爷子欣然接受挑战。

慢慢地，老爷子在游泳圈的帮助下开始下水，但毕竟上了年纪，一个简单的蹬腿动作和保持身体平衡就学了大半年，大家都觉得等他兴致慢慢没了，就会打消学游泳的念头了。

谁知道，他这一坚持，就是四年。

第二年，他就可以独立下水并且游500米了，而且每天必定下水，风雨无阻。

一年后，他还真的和当初开玩笑的男生比赛了一回，虽然没能获胜，但大家都十分佩服老爷子的毅力和恒心，老爷子说："我这个人脑子笨，学得太慢，一年后咱们再赛一次，争取打个平手！"

后来在一次论坛上，大家才知道，这位口口声声说自己"笨"的老爷子，居然是物理系的教授，中科院院士，国内首屈一指的空气动力学专家。

老爷子总跟我们说："人不能光盯着那点儿成绩，学游泳，学音乐，学艺术，要学的东西太多了，学无止境啊！"

你会发现，优秀的人身上似乎都有这样一种潜质：无论做什么事情，他们总能锲而不舍、全力以赴，哪怕前行得很慢，也从不言弃，从不抱怨。

他们总是不断地去拓宽生命中的风景，把每一次艰辛和苦涩化作赏心悦目的才华和优秀。不断挑战和丰富自我，不断点缀和充实生活，不断开拓和完善生命。

永远不要奢望优秀会天生而来。你不去寻找和挖掘，它永远都不属于你。

03

亚里士多德说："每天反复做的事情造就了我们，然后你会发现，优秀不是一种行为，而是一种习惯。"

孔子 15 岁开始发奋读书。他遇到问题总是喜欢寻根探底。一次，他去参加太庙的祭祀典礼，结束后他抓住别人的衣服不放，非要把典礼上的每一个环节都问个明白，于是成为著名的"每事问"。

他向师襄子学弹琴，将一首曲子练了数十天。师襄子催了他数次，让他学习新曲子，孔子说："我还不懂技法。"

掌握了技法后，他又说："我还没体会出这首曲子的意境。"

领悟到意境，师襄子说："这下可以学新曲子了吧？"

孔子又说："我还不清楚作曲家的为人呢。"

无论做什么，孔子都要求自己做到极致。为了读懂《周易》这部书，他翻来覆去地读，反复地体会，因为读的遍数太多了，串联竹简的牛皮带子被磨断了好多回，最后他彻底读懂了，才向别人讲解这本书。

后人用"韦编三绝"来赞美孔子的这种"自找麻烦"的精神。

《汉书·董仲舒传》记载了这样一则故事："少治《春秋》，孝景时为博士。下帷讲诵，弟子传以久次相授业，或莫见其面。盖三年不窥园，其精如此。"

意思是说，董仲舒自幼天赋异禀，酷爱读书，父亲为了让他能歇歇脑子，于是给他盖了一座花园。花园盖好后，姐姐们就在花园里玩耍。董仲舒就站在花园门口，捧着竹简，学习孔子的《春秋》，对于花园中的美景都懒得抬头看一眼。

有人也许会说："干吗放着大好的春光不去享受，非要和一卷卷枯燥的竹简死磕呢？"

正是这种死磕，让董仲舒遍读了儒、道、阴阳、法家，在汉武帝下诏征求治国方略的时候，他献上了《举贤良对策》，系统地提出“天人感应”学说和“罢黜百家，独尊儒术”的主张，成为一代儒学大师。

齐白石57岁独闯京城，渐渐在京城画坛打开局面并小有名气，按说该是结交人脉、名利双收的时候了。但是他依旧保持着每天凌晨四点起床作画的习惯。一次他因为心情不好，停下画笔，第二天就为此深深懊悔，并题字警醒自己：昨日大风，未曾作画，今日作此补足之，不教一日闲过也。

就在很多人不理解，一个著名的大画师为什么要把自己逼到这个份儿上的时候，齐白石又做出了一个让所有人震惊的决定：变画风。

80岁“衰年变法”，一旦新的画法不被认可，可能一世的英名毁于一旦，但齐白石执意要变：“不欲人知，即饿死京华，公等勿怜。”

自找“死路”、撞南墙的齐白石由此画风一变，开创了“红花墨叶”派，崛起在20世纪的画坛上，终成一代大师。

《王牌特工》里有一句话：“比别人优秀不算优秀，比过去的自己优秀才是真正的优秀。”

它来自我们内心想要变得更加优秀的强烈渴望和对生命追求的火热激情。

天上尘，地下土。

你选择什么样的方式，就会拥有什么样的人生。真正的优秀不是别人逼出来的，而是自己和自己死磕。

真正的优秀，都是自找的。

Part 3

愿你有一腔孤勇，也有一份从容

如果梦想不能照亮未来，就让它照进当下。只要你愿意经营好当下，未来就不会是一个很遥远的地方。

愿你有一腔孤勇，也有一份从容

01

我常在想一个问题：我的人生应该是什么样子的？

假如在我希望到达的那个地方的时候，我发现自己满身泥泞，伤痕累累，甚至是油尽灯枯，即便勉强得到了自己曾经梦寐以求的东西，但这是我想要的人生吗？

我心底立马蹦出来一个答案：不是。

如果为了摘一颗桃子，而磨破了新买的鞋子，然后从树上摔下来磕掉两颗门牙，回到家里又被妈妈大骂一通，那这颗桃子压根儿就不应该去摘。

可能我希冀的人生状态，应该是这样的：就算一个人内心经历了千重风浪，她的衣衫依旧整洁，她的生活依旧有条不紊，她的行为依旧不显慌乱，她不会让一场大雨把自己浇得全身湿透，最多是在躲雨的时候，裤脚被打湿几块儿而已。

千帆过尽，江面依旧平如镜鉴。这样的人生，可能更值得追慕。

2012年的寒假，我和几个同学报名去了上海富士康当寒假工。当时想的是，趁着年轻，多出去吃些苦一定是大有好处的。

到厂后，领工服，办理工卡，做体检，经过两天的折腾，终于坐到了传说当中的流水线上。我的工作很简单，就是负责把流过来的平板电脑线路板上的槽线别进相应的线槽中。

听起来很简单是吧？但等上手操作的时候，才发现根本别不进去！

在某个小拐弯儿处，线要绕三道弯儿然后顺出去，我试了几次怎么都绕不进去。前面刚别进去，后面一动线，前面的就又出来了，流水线却不能停。

起初的时候，我旁边总要攒一堆线路板，为了硬别进去，我的拇指指甲当天就被磨掉一截。到了吃饭的时候，身边还有一大堆电路板，为了弄完这些不耽误下午的工作，我没去吃饭，就坐在那里一边忍着疼赶工，一边偷偷掉眼泪。

当时我心想：快点儿疼得干不了这个吧，这样我就能换一个工位了。

到了下午，线长走到我跟前。我一阵窃喜，这是要给我调换岗位了啊！

“你怎么回事儿，线路板攒这么多，笨死了！不能干就趁早回学校待着，来这儿吃苦干什么？”

我当时惭愧到简直想找个地缝钻进去。长这么大，头一回被别人这么说。我反驳了一句：“有的地方就很难，你以为我想啊？我的手都磨破了！”

线长笑了笑，没说话，跟旁边的人说：“你帮帮她，赶紧把这些线路板处理掉，别耽误后面的进度。”然后就走了。

下晚班的时候，线长来到我的工位旁边。“下午人太多，我没来得及解释，跟你说一声，我不是笑话你。其实我刚来的时候，也这样笨手笨脚的，委屈得不行。”她递给我一张创可贴。

“这个弯儿其实是最好搞定的，你留出一截儿，别用那么大劲儿，松垮地绕过去然后稍微一拉，就行了。有时候靠蛮力是不行的，要用技巧，明白吗？”

她给我示范了一下，我照着她说的方法操作了一遍，果不其然，原本以为怎么都克服不了的困难，居然这么轻易地就搞定了。

“别着急，从容一点儿，事情没那么复杂。”

第二天，我的效率立马就提了起来。旁边的男生笑着说：“不错嘛，开窍了。”

过年期间是有三天假的。除夕那天晚上，厂里给大家做了年夜饭，还放了电影。吃饭的时候，刚好碰见线长在打饭。我上前打招呼。

“手没事了吧？”

“啊，没事了，多亏你教我的技巧。”

我们坐在一块儿吃饭，我问她来厂多长时间了。她说两年半，之前在华硕干过，后来来的富士康。

“你可真厉害，好多事儿你都能搞得定，不像我，笨手笨脚的。”

“我才羡慕你们呢，主动来这种地方吃苦遭罪。我就不同了，没有学历，也没什么本事，只能泡在这里，什么厉害不厉害的，都是磨出来的。刚工作的时候，总想被人关注、得到认同，表面上看起来勤奋刻苦，实际上玻璃心得不行。后来慢慢才明白，做任何事情，都不要着急，看看旁边人的节奏，观察周边的环境，人从容了，就容易发现当下的问题，也就容易找出解决问题的办法。就像林黛玉进贾府，处处观察别人的眼色，打量别人的举止，该稳的时候一定要稳，千万别自以为是，端着没你不成的臭架子。”

02

我们互加了 QQ，至今仍旧保持联系。

寒假过后，我离开了厂子。随后的几年中，我对这件事始终记忆如新。指头上的伤早已经好了，但是线长的话，解开了我彼时的困惑，对我带来的冲击和震撼是别人无法理解的。

每每想起，线长那句“别着急，从容一点儿”，总会在耳边一绕三萦回，并成了我人生观中极为重要的一部分。

曾经的我是一个无所畏惧、横冲直撞的人，就像一个懵懂无知的少年拿着一把玩具刀在杂草丛生的环境里一通乱砍，妄想能奇迹般地辟出一条大路来。

其结果往往是，等你走出荒草，已经变得蓬头垢面、方寸大乱。

你跟别人说：“你看，我割出的小路。”

别人的第一反应却是：先看看你自己的样子吧，太滑稽了。

以前在我们村子里有好几个泥瓦匠。有一次，我家院子的地面要铺水泥。爸爸请来其中一个，最后完工的时候，爸爸还专门给对方塞了一条烟。

我很不解，就问：“爸，咱们家隔壁谁谁谁不就是干这个的吗？为啥跑那么远到村头去请这个人，还给他塞烟？”

爸爸说：“傻闺女，要说干活的速度，这个人是比不过咱家隔壁那个泥瓦匠，但是这位师傅做的活干净漂亮，不会浪费一点儿水泥，也不会把院子弄得到处都是泥点子。你干得再快，哪都是毛病，有什么用？”

是啊，试想一下，书上描写的那些仙人“御风而行”的场景，假如御风而行身后带着漫天的灰尘，那仙风道骨的形象，势必大打折扣。

努力奔跑的时候，也别忘留意脚下的坑洼陷阱。

生活并不总是硝烟弥漫的战场和瞬息万变的旋涡，有时它需要我们打起十二万分精神，需要我们战战兢兢，但也有的时候，需要我们去观察细微处的三两小事，需要我们去享受平淡处的宁静祥和。

愿你既有狭路相逢的气概，又有稳坐鱼台的悠然；愿你既有万千的气象，也有耐看的细节；愿你拥有一腔孤勇，也有一份从容。

做条有梦想的咸鱼，你也壮丽

01

王尔德说："我们都在阴沟里，但仍有人仰望星空。"

如果说，这个世界上有一群人最需要梦想的话，那么这群人一定是生而被打上"平凡"和"普通"字眼的那群人——越是平凡和普通，我们就越需要梦想。

三个月前，我被拉进了小学群。多年未见的小学同学仿佛一下子又聚在了一起，延续那段最美好的时光。但集体"奔三"的我们，无论如何不敢再自称无忧无虑。如今，大家顺理成章地从父辈手中继承普通和平凡的标签，波澜不惊地生活着。从始至终，握在我们手中的，不是一柄金灿灿的汤匙，而是一块硬邦邦的咸鱼干，但就是这样一群人，让我时常感受到一种梦想之于平凡的力量。

黄鹂小姐是这个群的发起人，也是群主。

现在，她是两个孩子的母亲，整日在家庭和孩子之间周旋辗转。有一次聊天，她说想要在市里买套房子，不想一辈子困在这个小县城的城中村。“首付 50 万的话……”她一门心思望子成龙望女成凤，想让两个孩子获得最好的教育环境和资源，所以当这个宏大的目标打破了她平静的生活时，我能明显感觉到她的兴奋和挣扎，最后她跟我说：“最起码，心里得有个目标不是吗？哪怕实现不了，也要踮起脚尖伸直手臂够一够。”

我和黄鹂小姐是发小，关系一向很好。大二寒假那年，我们几个在村边放孔明灯，点着后刚升起来不到十秒，灯就挂在树杈子上。几个人随后哈哈大笑。

现在想来，我们就像那盏孔明灯一样，努力挣脱地心的引力，想要飞往更高更远的地方。但现实世界里，总会有这样那样的枝枝丫丫、磕磕绊绊，让你不断受挫，不断跌倒，不断重新来过。

人和孔明灯不同的地方就在于：灯只要破了一个窟窿就永远无法再飞起来，人不一样，只要你敢一次次跌倒后重新站起来，就能获得更加强大的生命力量。

黄鹂小姐是个再平凡不过的女生，但她试过用各种办法让自己的生活不沦为一潭死水，支撑她的没有来自家庭的后盾，没有来自生活的惊喜，没有来自朋友的鼎力，她所能依靠和仰仗的，只有那一丝信念和梦想。

对于她，对于大多数的我们来说，除了梦想，我们一无所有。

所以每一个根植于内心的梦想，都值得我们去据理力争，身体可以遍体鳞伤，但饱经风霜只会让心里开出的花朵越发明艳。

我们要守护的，是心中的那朵用梦想浇灌的花。因此，一旦有了梦想，我们就不再是一无所有的平庸之辈。

02

橡树先生是我的老大哥，也是我最要好的哥们儿。那年除夕早上五点，他骑着摩托车带着我开了几十公里去姑姑家接小弟回家，我把小弟裹在我俩之间，他只说："放心，我稳着点儿开，你们在后面睡觉都没事。"

我当然不敢睡觉，但当时这句话带给我的温暖足以驱散寒冷，也让我信任他所说的每一句话。

中专毕业后，他做起了建筑装修。

前两天我看他发朋友圈，照片是一张大楼的骨架图，他配了一句话：这架（子）搭得规矩。而不是：买一套这样的房子该多好。

有时候我在想，像橡树先生这样肯出力气踏实能干的男人，每天正常上下班，偶尔和同学组个场子打打扑克喝点小酒，到县城里唱唱歌吃顿烤串儿，看到搭建的干净利落的工地忍不住发出一声感叹，又爱自己的媳妇和孩子——这样的生活未尝不是一种幸福。

如果一个人的全部世界就是房子、车子、好看的衣服，满脑子想的只是占为己有不劳而获——这样的人生一定是非常无趣的，因为缺乏审美和自省。

橡树先生说，在家里盖一间平房要 20 万元，像样点儿的更贵。从买摩托，到装修新房，到结婚生子，再到每一件大家具的添置，以及最近在原来房子的基础上盖起的二层小楼，都是他梦想的一部分。

就像当初他跟我说的那句话："只要用劲儿干，别人有的咱都能有。"

这种稳扎稳打步步为营的寻梦之路让人惊艳和感慨——他是少有的既懂得审美，又处处流露出自省的那种人——不是所有的梦想都能让自己变得富为权贵，梦想是照进现实用来丰满生活的重要部分。

有了梦想的平凡生活，就像有了阳光的森林，有了花朵的庭院，有了承诺的爱情。虽然只是多了一丁点儿的不同，却能峰回路转，扭转一切颓势，它不仅仅是锅碗瓢盆，更是风雨港湾；它不仅仅是零星琐碎，更是烟火人间。

如果梦想不能照亮未来，那么，就让梦想照进当下。未来从来不是一个很远的地方，很多人都盯着未来，但很少有人愿意耐心经营好当下的分分秒秒。

03

树洞先生从上海回来以后，就一直在家里工作。

上周他在群里发照片，跟几个哥们儿在家里打牙祭，他酿了一坛蝎子酒，说可以治疗风湿。

我俩同岁，每次我问他为什么还不结婚的时候，他总是含糊其词跟我说：“咱穷，谁会要啊。”

他绝不是一个破罐子破摔的人。为了给父亲治病，他前后花出去20多万元，但从未有过一句抱怨，他常挂在嘴边的话就是：“有空来家吃饭喝酒啊，菜都准备好了。”

在他身上你能看到生活最原始的样子。

2017年双十一大战，我们在群里叭叭，树洞先生让我帮他打听北京的顺丰快递招不招人。“不怕苦不怕累，现在得多赚一些钱。”

我常常在想：树洞先生的梦想是什么？

可能就是赚大钱吧，让家人健康，将来娶个媳妇，装修一下房子，然后本本分分过日子。

我相信在这个世界上，有一些人更多是为别人活着的，为了亲人，为了爱人，才有了这样的信念，才萌生出了伟大的计划和梦想。

吴念真说：“知识不仅仅是用来谋利的，它更应该用来奉献和造福别人。”梦想也是如此，有梦想不是为了让自己变得多么体面和富贵，它的存在可以支撑我们在惨淡的时光中甘之如饴，为我们身边的人创造现世安稳和岁月静好。

今年回家我一定会和树洞先生喝一次酒，酒杯相碰，不再是北岛口中“梦想破裂的声音”，而是梦想破壳而出的呐喊。

04

白云小姐和柿子先生呢？两人双双外出打工，他们的梦想可能小到下雨天不用上工躲在屋子里吃一顿火锅享受片刻的惬意；石榴先生呢，他在镇子上开了家理发馆，他的梦想是周围十里八村的人都在他的理发店理发；芋头先生呢，他和我一样是北漂一族，昨天他说和女朋友订婚了，他的梦想是在北京买一套小房子，生命不息奋斗不止，当一个成功的创业者……

生活不会压垮每一个梦想。

事实上，真正的梦想都是在无比艰辛和枯燥乏味的日常中完成的，梦想也不会挑剔拥有者，不会因为你手里拿着的是咸鱼干就对你白眼相向。

总有什么值得我们去改变和做得更好，也总有什么让我们心怀梦想负重前行……一个真正的旅行者不会一直低头走路而不去仰望星空，一个真正的画师不会因为生活的琐碎而忽略其中的美好，一个真正的舞者也不会把自己局限在一方小小的舞台之上。

同样地，一个真正热爱生活的人，绝不会一味抱怨而放弃美好的愿景和梦想的召唤——

从一根竹笋、一个蚕蛹、一朵花苞开始，我们终将和梦想殊途同归，相遇在生命最美好的时刻。山雨来时，大风满楼；彩虹之下，阡陌纵横；松涛絮语，千仞绝壁。就算手握咸鱼，也要心怀梦想。

因为梦想来时，所有的平凡终将得以正非凡之名。

人生有很多事情就是这样子的，你不去做，它永远不属于你。

只要去做，哪怕做一条有梦想的咸鱼，你也壮丽。

别拿别人的标准，衡量自己的生活

01

廷华兄是从来不被别人牵着鼻子走、又活得特别明白的那种人。我一直觉得他这样的人生才真的有价值。

2005 年廷华兄跟家里闹掰，孤身一人来到北京，原因是家里催着他结婚生子，找一份正经工作糊口度日，安分守己讨生活，不要再做无谓的文学梦。廷华兄不同意，他父亲一怒之下烧了他所有的书稿。

廷华兄大病一场。面对亲人的不理解和逼迫，他决定去北京誓死完成自己的梦想。后来机缘巧合我结识了这个对我关照颇多的大哥，也逐渐了解了他一路走来的诸多不易和辛酸往事。

如今 35 岁的廷华兄，已是多家报媒的专栏作家，也是中国作家协会会员。十年间，他创作的三本小说，已经有两本被改编成电视剧并由他本人联合编剧。我最近一次见他，是中秋节他从欧洲回国邀我一起吃饭，此时的他正在酝酿自己的第四本长篇小说。

他刚来北京的时候，一个毕业几年的学长给他介绍工作，问他：“想从事哪方面的工作？”

廷华兄回答得很干脆：“不要很忙，薪水够我吃住就可以，其余不挑，只要能让我安心写作。”

于是，廷华兄的第一份工作是做一名小区保安。每天晚上定点巡逻小区，白天休息，一个月工资加提成才 3000 块钱，但廷华兄对这份工作非常满意。每次巡逻完毕，夜深人静时，他就可以沉浸在自己的小天地里把心中的梦想变成稿纸上密密麻麻的文字，那时整个世界都安静了。

后来，跟他一茬儿来的年轻人都走了，并撺掇他：“留在这儿干什么，工资还低，跟我们一起去别的地方干吧，是这儿工资的两倍。”

廷华兄一一婉拒，不为所动。

渐渐地，他成了颇有资历的老员工，还当上了保安队的副队长，后来公司让他负责整个小区的安保，被廷华兄拒绝了，理由是：不堪大任。

老板笑着说：“一个保安队长算什么大任？”

廷华兄说：“那也管着那么多人的安全。”

转眼到了第三年。一天，正在国家图书馆看书的廷华兄被一个中年男子叫住。

“你是小区的那个保安吧？”那人问。

廷华兄点头说：“老师好。”

“我刚才看了你几眼没敢认，还真是你！”那个人颇感意外，居然在此地邂逅自己小区的保安。

他看见廷华兄手里拿着一本《扬州画舫录》，于是问：“这书可不好读啊！”

廷华兄回答：“在写一个宋代背景的小说，想来查一些资料，随便翻一翻。”

一个保安休息的时候躲在图书馆看书，还写小说，真是奇之又奇。

中年男子发现这个年轻人才华横溢，见识超人，于是留了一张名片，还顺路将廷华兄载了回去。

第二天，廷华兄将一份打印好的小说初稿交给了这个中年男人。

一周后，那个中年男人——也就是知名编剧柳逢春跟他说：“愿不愿意做我的助手？”就这样，廷华兄做了柳逢春的写作助理。

后来，他的小说被柳逢春改编后拍成了电视剧，同名小说也在全国发行。

数年艰辛，三年一剑，终不辜负，廷华兄一举成名。

02

按理说，照这样的路子走下去，又有柳逢春这样的伯乐相助，用不了多久他就能自立门户，在编剧行业站稳脚跟，可就在协助柳逢春完成第二个电视剧本的改编后，廷华兄辞职了。

理由仍旧很简单：编剧满足大脑需求，纯文学才能直抵人心。

他来北京不为赚很多钱，只想好好写作，编剧说到底还是技术层面的东西，他真正爱的是小说。

廷华兄在奥体公园旁边租了个一室一厅的房子，生活简单，除了睡觉看书和写作，偶尔出来参加圈子里的聚会。

在一次聚会上，一群编剧和几个畅销书作家大谈谁的剧本又卖了个好价钱，谁的书又通过精心运作卖了几十万本，廷华兄却无动于衷。人家问他："廷华，你最近在干什么呢？"

他回答："看书，写作。"

"你那本小说都写了三年了，还写呐！"

"就快写好了，就快写好了。"

别人偶尔对他的讥讽，他欣然接纳。

一年后，也是他来北京的第七年，花费三年时间创作的第二本小说终于交付出版社，虽然只卖出了两万册，但获奖无数，让他成功跻身中国作家协会，成为备受文坛瞩目的实力派作家。

“趁着年轻，赶紧写点儿畅销书，写点儿读者爱看的，随随便便卖个几十万本，光稿费就够吃半辈子了！”

经常有人这么劝廷华兄，廷华兄总是说：“我不敢想有了那么多钱该怎么花。”

“廷华，你就是不开窍，靠一把子力气写到老？你写那些严肃的文学谁会看？要写就写畅销书，来钱快，当编剧也行，来钱更快！”

“好好，写完这本书，就试试，就试试。”廷华兄答应着。

03

又过了两年，廷华兄的第三本小说中英文版本同时出版，他收到了来自伦敦大学文学院请他做访问学者的邀请，并斩获年度德国克莱斯特文学奖。

廷华兄收到市作家协会抛出的橄榄枝，邀请他回去竞选市作家协会主席，廷华兄说：“才疏学浅，不堪大任，当不了官，误人子弟。”又给推辞了。

从欧洲回来，廷华兄回了趟家，家里的新房已经盖得差不多了。这些年他一直贴补家里，最大的一笔稿费，就用来盖这栋小别墅，估计年前老爹老娘就能搬进去颐养天年了。

廷华兄老家门口时不时会有小轿车和远道慕名而来的读者，每次家门口停了小轿车，四邻就说："一准儿是来找廷华的。"

逢年过节，送礼拜访的人更是不断，廷华一一婉拒，但亲戚朋友早就把廷华兄当成教育孩子的榜样。

而十年前，他还是一个不求上进，满脑子都是不切实际文学梦的不孝子。

"看见你廷华哥哥没有，要跟他学，有出息了，多荣耀！"每年聚会亲朋好友都有这样的感慨。

廷华的父母现在也是喜笑颜开，当初他们对廷华的不理解也慢慢消散，儿子成了他们整个家庭的骄傲。

有一次廷华父亲上街看见当初自己硬要廷华去相亲的姑娘，她已经是两个孩子的母亲了。

"你这个不争气的东西，跟你老爹一个样儿！"

廷华父亲听着这个脏话连篇的女人骂孩子，心里感慨万千："当初要是廷华听了我的话，现在的光景说不定还不如这，世道真的变了，娃的境界，我跟不上了，当初我烧娃的书稿，真是不应该！"

家里给廷华介绍对象的就更多了，每到这个时候廷华爹就说："都什么时代了，孩子说什么时候结就随他！"心里却也是着急得很，半年后知道廷华谈了一个女朋友，长得极其漂亮，这才堵住七大姑八大姨的悠悠之口。

廷华用了十年，终于实现了自己当初的梦想。

十年之后的廷华，脱胎换骨，但用廷华兄自己的话说：“打扮得像个人了而已，当初心里面那点儿想法，从来没变过。”

04

我问廷华兄：“这十年印象最深的事情是什么？”

我以为他会说，当保安时睡地下一层的潮湿和驱赶老鼠这样的事情。

廷华兄想了想说：“一共有三次我想要动摇，第一次是当保安时身边的同事撺掇我换工作，那三年我投了无数的稿子，都石沉大海，真怀疑自己到底有没有真才实学，于是一旦他们说，走吧，能挣好多钱，我就犹豫；第二次是跟柳老师辞职，凭当时那点儿人脉和关系，我没有把握能在文坛站稳脚跟，而且当编剧那三年，的确收入颇丰，我又动摇了；最后一次，是静海市邀我竞选作协主席，你想想三十多岁的作协主席将来的前途必定不可限量，机会也更多，但我犹豫了一下，又放弃了。”

廷华兄忽然问我：“小狮，你来北京的初衷是什么？”

“初衷？”听到这两个字，我忽然被点醒，是啊，我当初不也是抱定要当一个大作家的初衷才从小城市来北京的吗？后来忙着赚钱，忙着生活，却越来越少地去直面自己的内心。

“小狮，你不用和同学同事比谁的月薪更高，也不用因为看到繁华的 CBD 白领兀自伤感。来北京，拼的不是谁的工作单位更好，逢年过节谁拿的福利更多，谁发的年终奖更丰厚，我们要比要拼的，说白了，是梦想。”

廷华兄说，梦想是个好东西。

它可以让我们摆脱别人眼中那些所谓的成功标准，专心致志过好自己的生活。这样的生活，不是别人眼中成功的生活，而是真真正正属于你自己的。

不用告诉我什么才是安稳和务实，也不用告诉我我将来可能会后悔，既然选择了我想要的生活，那我用尽所有的力量也要过好它。

真正让人永生难忘的生活，并不是每个人都敢去亲身尝试的，可那才是值得我们去追求的美好。

你想去坚持的，才是最好的人生

01

Lisa 又开始跟我抱怨了，原因在于她的读书计划又一次泡汤了。

一个月前她曾信誓旦旦地跟我说：“小狮，我都算好了！你看啊，如果我每天花 10 分钟阅读一篇文章，那么一个月下来就可以有大约 5 万字的阅读量，一年就是 60 万字！十年的话……”

在 Lisa 的构想中，十年之后，她已经是一个读书超过了 600 万字的博学鸿儒了。不就是每天读十分钟书嘛！可是她只坚持了一周，就宣告失败了。

为了安抚她受伤的心灵，我请她吃大餐。然后在餐桌上，Lisa 又突发奇想，说：“小狮，你说我开一个微信公众号怎么样？好多作者每天光靠打赏就能财务独立了，我可是学文学的科班出身，我的文笔我有信心，就这么干！”

看着她眉飞色舞，仿佛半年后她就是坐拥百万粉丝，每天打赏过万的超级作家的样子，我对她的宏伟蓝图表示赞赏，并且答应前期申请公众号和设计版面这些杂事，由我全部承担。

公众号开通第一天，Lisa以惊人的耐力一个个给通信录里300多个好友大力推荐自己的公众号名片，连中午饭都没顾上吃。一天下来，却只有可怜的15个人关注，但Lisa不灰心，晚上正式推出了她的第一篇文章。

几乎每隔5分钟，她都要刷新一下页面，看有没有人点赞，阅读量是不是又涨了。结果晚上12点之前，Lisa花了一周时间写出来的第一篇文章只收获了可怜的30多个点击量。而那个可怜的赞，还是我给点的。

Lisa说：“万事开头难，只要我好好写文，阅读量和粉丝都会来的！”

一周后，Lisa的公众号就彻底停止了更新。她说：“我的文章可能并不适合微信。”

然后吃大餐，脑子里再有别的想法。再一次，满血复活，再一次，失败告终。

一年间，Lisa尝试开微博、开微信公众号、减肥、做直播……最后都无疾而终。

有一天她在办公室说下周开始要学习英文的时候，一个女同事笑她说：“得了吧，就你那样儿，书买回来兴致也早没了，你半途而废的事儿还少啊。”

Lisa 也爆发了：“我又没有杀人放火，又没有坑蒙拐骗，我学不学关你什么事儿！”

然后 Lisa 很不开心，吃大餐解决烦恼，然后重新满血复活。

诚如那个同事说的，Lisa 的确是个做事半途而废的典型。但在有些事情上，她绝对不是他们说得那样。

02

两年前，她就开始在小区喂养那些无家可归的流浪猫。两年来，每天因为她而定点聚集的猫咪已经有 8 只。为了这群喵星人，Lisa 不得不缩减自己的零花钱，把之前买兰蔻香水的钱都买成了猫粮。

Lisa 对每一个人都特别好，就在两个月前，她还因为火车上一个坐过站的老大娘而不厌其烦地跟列车人员交涉，并且给她买了吃的和回程的火车票，送她的时候更是和列车人员千叮咛万嘱咐，要到站的时候一定提醒老人下车……像这样善良的行为，我敢说大多数人都做不到。

Lisa 曾经想要参加超级女声，为此我陪她连着去了一个星期的 KTV 练歌，后来 Lisa 说：“其实我就是说说，我的实力我自己知道。”

大一刚入学的时候，Lisa 的内务是最好的，她能叠成豆腐块儿一样的被子。军训结束后，Lisa 说：“我以后要每天都把被子叠得这么整齐。”

结果不到一个星期，她就懒得叠被子了。

四年来，除了应付内务检查，她再也没叠过被子。

我认识很多跟Lisa一样的人：我要每个月读两本书，我要每天坚持脸部按摩去除细纹，我要卸载微信好好看书准备复习，我要每天坚持跑3000米……

到最后，很少有人能坚持下来。

所以，他们没有成为梦想中的大明星、大作家、运动健将、健美先生……他们没有成为一个光芒万丈的人，没有成为公认的成功者。

但这并不代表他们是失败者，每个人来到这个世界上，并不是都能成为成功者和万众瞩目的焦点人物，绝大多数人都难以摆脱普通的标签。

这就说明，绝大多数的人做不到按照杰出人物的标准来自我约束——如果说成功是美好的部分，那么平凡就是美好的另一部分。

他们一样的重要：美的存在，是因为审美者的存在。

我们不必成为光芒万丈的部分，也不必执拗地坚持那些给我们带来沉重负担的东西。如果你只想当好一个普通人，那么只需要坚持自己的善良和乐观就好，如果你的目标是成为一个杰出的人物，那么你必定要经历那些最艰难的考验才能脱颖而出。

03

Lisa 只是一个普通的女孩儿，感性、善良，也有着很多普通女孩儿身上固有的小毛病。她口口声声说要当一个画家，但其实只是想用那画笔随便画点儿什么，闻一闻水彩颜料的味道罢了。她扬言要在一年之内学会做 10 道拿手菜，也只不过是在渴望一种被人肯定的小确幸而已。

你非要跟她说，你就是因为什么都坚持不了多久，才一直这么平庸和普通。这就有点儿言重了。因为她原本就是一个平凡的人，不是因为没有坚持那些通往成功的法门才是今天的样子啊！

一个普通人普通地活着，怎么是一种不思进取和平庸呢？

他们只是做自己本分的事情而已。

不是所有的星星都能像日月那样主导天空，但每一颗不耀眼的星辰都自有微光。世界上的万事万物都有自己的生长轨迹，小鸟永远不会比老鹰飞得高远，青草也永远不可能像大树一样茂密参天。既然这样，我们为何不按照自己的想法而活？

我就喜欢天马行空地畅想，完不成就完不成；我就喜欢犹豫不决，浪费大把的时间；我就喜欢特立独行，那些大道理我不想听；我就喜欢不合群，因为没有必要去看别人的脸色……

所以当Lisa提出要去学瑜伽的时候，我没有觉得她只是一时兴起，当然我也明白，她只是想看看自己穿上瑜伽服以后是不是显胖而已。

每个人想要坚持的，永远都是自己内心最真实的自己。

那些偶尔冒出来的想法和半途而废的计划，同样也构成了生活中的美好。

你要有一点儿平凡的光芒

01

是的，我决定复习。为了做出这个决定，我犹豫了几个月时间，这个过程无声无息，就像蚂蚁搬家。

母亲只说了一个字："好。"

那也是我头一次感受到一个汉字背后所展现出来的诸多层次。好字的意思，不一定就是好。

当然，这个决定背后我一直在假设：假如复习无果，再度落榜会是什么样的情形。从郑州回到家里，独自待了两天，第三天我做了一件事：跑到隔壁大娘家里，找到刚上初二的表妹小凡，问她借了两本书，一本初二物理，一本初二数学。

回到房间，我翻开物理教材，开始试着画电路图。奇迹般地，当初最害怕的电路图，我居然思路清晰地画了出来！我又尝试做了两道代数题，虽然有些生疏，但完全不同于当初的懵懂困惑和束手无策，难道真的是压抑了一年的渴望学习的小宇宙爆发了吗？

我无法抑制内心的狂喜，闭着眼，躺在床上，四脚朝天。

02

后来有学长跟我说："可能是当局者迷，你离开一年后再来看教材，反而发现曾经困扰你的那些难题都迎刃而解了。"

也许学长说得对，但我知道我之所以这么做，无非是做决定前找一个足以说服自己的理由。所以我丝毫没有意识到，我给自己找的都是最简单的题目和公式。也许，再稍微复杂一点儿，哪怕一点儿，我就不敢而往前一步了。

"你看，这些题你都会算！看来你只要用功复习就一定有希望，你有希望！"我一遍遍对自己说着。

这个时候我必须使自己自信起来，哪怕外强中干，哪怕虚张声势，我都要骗到内心的自己，骗到就是赚到。

03

隔天，我找到原来的班主任赵老师谈好了复读的事，然后搬了把凳子，就正式开始了我的复读生涯。谁知道，两天后，我就决定离开学校，到别的地方复读了。

我忍受不了那些认识我的人看我的眼光；毕竟我曾在全校朗读过自己的满分作文，认识我的学弟学妹不在少数；我更无法忍受那些我再熟悉不过的老师用一种陌生而奇怪的眼神看我，“你是那个谁谁吧？你又回来复习了？”这一切使我坐立难安，惶恐不已。

“那就换个陌生的地方，好好学吧！”

母亲终于替痛苦的我“乾纲独断”了一次，并帮我把一切安排妥当，我如愿来到一所完全陌生的中学。

安排好班级和宿舍，班主任于老师带我到教室，她跟我说：“你先感受一下新环境。”

我放下书包，坐在最后一排听课，虽然我什么也没听进去，但那种焦灼和难以忍受的压力没有再一次找到我。此时我才真正明白，为什么人在遇到重大困惑和挫折的时候，都渴望逃离或者选择一个新的环境重新开始，大抵和我此时的情形类似吧！

下课后，于老师走到我身边，跟我简单交代了一些话，最后她问我：“你中考数学考了多少分？”

我心里很紧张，因为数学向来是我的弱项，但为了证明自己不是差生，我克制心虚，一咬牙说：“85 分。”

原想着于老师会说“不错”或者“很好”，但她眉头一皱说：“基础是有点儿差，好好努力。”

后来我才知道，我上中专那年，中考改革，语数外均开始实行120分制。原本那点儿小心思，终究还是弄巧成拙。

04

大概是第一个周末，初三六个班进行了一个统测，也就是联合小考试。我的成绩自然是惨不忍睹，但我没想到的是，第一个喊我“喝咖啡”的居然是化学老师。

“你是不是很久没复习教材了，我看你考试卷上连氧化钾和氧化钠都分不清楚，有些化学元素明显是记不起来了才犯的低级错误。我们是重点班，你这样的成绩会拖累班级排名，要抓紧时间赶紧恢复状态，下个月就是秋考了，这样的成绩肯定不行。”

在化学老师的一番训斥之后，我并没有羞愧难当，而是心中暗暗较劲：“没什么退路了！”

当天我就买来了手电筒，晚上回去躲在被子里复习初二的教材内容。和我同寝的五个女生人都很好，会帮我指点一下。为了不吵到她们休息，我把自己裹得严严实实，那时正是秋老虎猖獗的季节，有时候捂一会儿就满身大汗，只能朝靠墙的方向掀开一角抖几下，以便进来一些新鲜空气。其实那时候想的不是空气进来，满脑子都是进来的氧气，出去的二氧化碳，我必须把基础性的知识记忆都找回来。

秋考结束，我考了第 45 名（全班 70 人），相比上次的倒数第三名，已经是飞跃式的进步，终于挽回了一点儿颜面。

而且我的作文被语文老师当作范文朗读，我在班里总算刷了一次存在感。自那以后，所有的人都知道我语文很好，我也渐渐被这个集体接纳，成为其中的一份子。

那天晚上熄灯后我回到寝室，几个室友正在聊天，我听了哭笑不得。

睡我对头的萝卜说：“小狮，你知道吗？刚开始我看见你隔一段时间就抖被子，还以为你刚到学校吃不惯食堂的饭闹肚子放屁，没想到你不是放气儿，是憋着气儿看书啊！”

那天晚上，是我入学以来唯一没有继续蒙着被子复习的一次，我们聊了很久，聊的内容全都忘了，只记得宿管大娘过来骂：“还不睡，笑什么笑！”然后屋里的笑声就更大了，宿管阿姨就用手电筒敲铁窗沿儿，我是第一次知道这里还有一个宿管大娘每晚查岗。

我终于能在学习之外分出一点儿精神和时间，交交朋友，观察周围的一切。

05

后来，我认识了戆直朴实的同桌刘创业，还有高冷的蕉姐、女汉子大娇、学霸小刘、冷萌的刘琳、稳重的学神贵哥，多亏了他们，我的复读生活得以纷繁多彩，学习成绩也慢慢往上游冲刺。

在学校待了两个多月，我第三次回家。这次回家是为了拿入冬的衣服，另外也是为元旦晚会做准备。那天爸妈在外婆家聚餐吃饭，我找他们拿了钥匙，走的时候母亲额外给了我一个月生活费，对我说："周末可以到学校旁边的饭店吃点儿好的。"

她大约是在我身上重新看到了希望。

回到学校，一边是紧张地准备期末考试，一边是被历史老师"揭发前科"，让我参加元旦文艺会演。她的理由很简单，小学的时候我就因为在全校师生面前唱河南梆子（豫剧）而"名声大噪"，现在长大了，想必唱得会更好。

班主任于老师也对我说："你来这几个月，表现得很好，应该让大家看到你另外一面。"我只能勉强答应。

音乐老师根据我的嗓音决定让我唱范玮琪的《最初的梦想》，这首歌更能反映我当时的心情。因为学校没有带子，我和刘创业还骑着自行车到县城挑了唱带。

复习的进度很紧张，晚上下课后我和刘创业就到操场上找个没人的角落练歌，他是我的忠实拥趸，我唱他听，并帮我纠正节奏和歌词。

有一天下课后语文老师跟我说："小狮，你帮他们两个排排这个相声本子。"她说的是小刘和贵哥，也就是上面提到的学霸和学神，他们要排一个相声。

我说我这边也有任务，老师说："你比他们有经验，辛苦你了！"于是我又多了一项政治任务：给学神和学霸当编剧排相声。

06

元旦晚会前，我们这些上台表演的人被统一安排到化妆间化妆，每个人都抹着《阳光灿烂的日子》里夏雨和冯小刚式的红脸蛋儿，扑白粉，到了班里被大家笑死了。大娇递给我纸巾，说："擦淡一点儿，没事。"

我就一股脑儿全擦干净了。

我唱《最初的梦想》，学神和学霸说相声，最后评比一个第三、一个第四，这是重点班最近几年取得的最好成绩了。经过这次表演，我在同学中更受欢迎了，老师也对我的文艺才能大加赞赏。

很快，期末考试来了。

寒假前，这是我唯一一次证明自己的机会了。这次我给自己定的目标是超过刘琳，她是成绩排在第十名左右的稳定型选手，实力很强。考试结束当天，一场大雪不期而至。

07

成绩单出来，我考了全班第八。

最后一次化学测试后，我又被化学老师请去喝咖啡了。“这道题你答的是有瑕疵的，本来要扣掉一分，但我把这一分给你。”说着他把49分划掉，改成满分50分。那是我生平拿到的第一个满分，也是全校唯一一个满分，还是化学。

“我亲眼看到你的进步，这一分，是为我当初的话向你道歉，你没让人失望。”

连我自己都没有意识到，我逐渐成为老师们心中被寄予厚望的学生，此时我的手电筒已经换了两个，电池早已经不知道买了多少块了。

中考结束，我顺利考上重点高中。

七月流火，斑斓的季节，金黄的麦田跃跃欲试，无数生命的奇迹隐匿其中。我太喜欢这片麦田了，我更喜欢那刚刚生长出来的青色麦田。

因为我的青春不像麦浪那般金黄、灿烂、盛大，它像麦子的幼苗，软弱、平凡、坚定，它没有将八百里长风染成金黄色的大手笔，却在广袤的平原上任由我那颗不安和躁动的心纵横奔驰。它面临着经冬的大雪，也要抵抗突如其来的踩踏。它更要面临成长中被摘除的危险，却依旧那么平静，在每一个日升日落闪耀着青翠的颜色，闪耀着独属于平凡的光芒。

不耀眼的颜色，平凡的光芒，那不正是我努力追求的青春模样吗？

华服虽好，抵不过起球的毛衣

01

我匆匆出了地铁口来到万柳华联门口，对吴菲说的第一句话就是：“这样的雾霾天，让我从朝阳奔驰到海淀来陪你逛商场，除了真爱，我找不出任何理由。”

眼前这个纤瘦美丽的女孩子叫吴菲，我们是在居庸关举行的一次公益徒步活动中认识的。

她是个天生的自来熟，50 公里路程下来，她说：“小狮，往后你就是我亲妹妹了，有事来海淀找我，姐罩着你！”

一来二往，我们真的成了朋友。

吴菲见我一脸不高兴，摘了她的 3M 防霾口罩，上来拉我。

“啊！我就说了句真爱，你还真放电啊！”

我被她毛衣上的静电电了一下，整个人打了一个激灵。

吴菲浮夸地笑着一把抓着我，用欺男霸女的语气说："走，陪我买衣服去。"进了商场，吴菲气场全开，看见漂亮衣服就往身上套，她是个标准的衣架子，各种风格的衣服都能轻松驾驭。

一般来说，商场一楼靠近门口的店卖的衣服往往是最贵的，但吴菲完全不在乎这些，作为一个人气颇高的漫画家，她随便花个几千块钱买件衣服是根本不会放在心上的。

她一家店挨着一家店地试，大包小包地将价格不菲的衣服收入囊中。中途她见我实在累得不行开始掉链子，于是在五楼请我吃大餐。

吃饭期间，我发现吴菲穿的毛衣很眼熟，于是问："这件毛衣这个月你穿了不下三回了吧？你说你好歹是个美女漫画家，颜值在线，卡里有钱，这么邋遢你觉得好吗？你看看，起球起得我密集恐惧症都犯了。"

"小屁孩儿懂什么？这件毛衣我何止穿过三次，四年前的那个冬天，我就是穿着它，拉着已经磕掉一个轮子的拉杆箱开始北漂的。记得那天刚好是大寒，刚刚找的房子又没有暖气，晚上睡觉的时候只能穿着毛衣蜷成一个小团儿，它可是功臣！"

吴菲说着小心翼翼地从袖子上摘下一个小毛球，她轻柔的动作仿佛是在摘取一朵美丽的花。

“四年前，我不顾家人反对，执意要来北京实现自己漫画家的梦想，为此我甚至和爸爸争吵决裂，并且开始绝食。第二天晚上，爸爸推开我的房门，他迈进来的那一刻我心中暗自窃喜，因为我知道，他投降了。他端来一碗热腾腾的牛肉面，还将一个手提袋放在我床边：‘听说北京冬天特别冷，我让你妈给你挑了一件厚毛衣，说是羊毛的，不知道好不好看，但应该暖和。爸拗不过你，到了那边，注意身体，常给你妈来电话。’说完他起身离开了，我肚子实在太饿了，一边大口吃面，一边眼泪止不住地往下流，那画面太傻了……”吴菲一边说，一边大大咧咧地笑。

“那天爸爸去火车站送我，火车要开动的时候，他隔着车窗忽然要跟我说什么，我怕他着急，于是立刻给他打电话，电话打通后他在那边对我说：‘菲，你那个毛衣里有张银行卡啊，穿的时候可一定要拿出来，没钱就打电话，听见没！’我挂了电话，不顾一车厢的人，哇地哭了出来。”

就这样，吴菲开始了她的北漂生涯。

用她的话说，第一次被退稿的时候她穿着它，下着雪在取款机上查稿费买泡面的时候她穿着它，感冒发烧的时候她穿着它，去登山徒步的时候她还是穿着它。尽管这件毛衣到后来渐渐松懈，变薄，开始起球，尽管后来自己每个月拿到的稿费可以买上百件这样的毛衣，尽管她的衣柜从一个变成两个，这件衣服却自始至终陪着她，度过了最艰难的四年时光。

“华服虽好，抵不过起球的毛衣。”吴菲最后跟我说。

02

华灯初上，万家灯火都沉浸在雾霾之中。把吴菲送上地铁，我也匆匆转乘十号线往回走。在知春里站找到一个位置坐下，脑中还在回想吴菲跟我说的那些话。

拿出手机打开微信，等所有的信息都弹出来已经过去了三分钟，此时列车已经快到西土城。这个内存只有2G的手机不知不觉间已经陪伴我将近四年，为了让它正常运行，我只装了微信和浏览器两个日常必要的App。

记得有一次出差，主编让我采访一个茶人，由于需要录音，我把手机拿出来，对方看了一眼开玩笑说：“你们主编可够小气的啊，怎么着也该配个好点儿的手机嘛！”虽然采访顺利，现在想起来，却尴尬极了。

还有一次雨夜我在大楼下等公车，一个女孩儿走过来说：“你能用微信滴滴帮我叫辆车吗？我手机没电了，下着雨，这个地方打不到车，谢谢了。”

这本是举手之劳，但我拿出手机打开微信，死活就是点不动任何图标，手机死机了。

“对不起，我是2G网络，要不然你再问问别人吧……”

“没关系，谢谢你。”女孩儿着急地离开了。

我心里十分愧疚，明明想帮忙，却又无能为力。

这期间有同事跟我说：“小狮，手机屏都裂了，就换一个吧，都什么年代了，一个微信都占1G内存了，你干吗还跟自己较劲？我那个三星的手机你拿去用吧，好歹有4G内存，能连4G网络。”我委婉拒绝。

并不是我买不起好一点儿的手机，也并非我这个人复古，只是因为这个手机对于我来说，有着特殊的意义。

2013年冬天，记得那天是大年初八。河南降下一场大暴雪，子木去车站送我回学校，我下了大巴车在肯德基等车时才发现，手机丢在公交车上了，打过去已经关机。

我刚工作，身上一点儿积蓄都没有，一时间不知道怎么办才好。

子木安慰我说：“丢了就丢了，旧的不去新的不来，正好我也想给你换个手机，你工作了，换个好一点儿的手机也体面。”

我死活不肯，他便说：“不要在乎这点儿小事，走。”

他给我挑了一个1300块钱的手机，送我到进站口的时候，他说：“到了学校第一件事就是去复卡，给我报平安。这就算是我送你的生日礼物，你要爱惜它，听见没？”

火车慢慢启动，窗外的北国世界大雪连天，我脑海里一遍遍重复着子木跟我说的那些话，心里温暖不已。

此后这台手机见证了我的毕业典礼，它接收了我的第一份 Offer 通知，也发出了第一条我主动辞职的短信，它记录了我一路走来的每一个苦辣酸甜的瞬间，跟着我从学校来到北京，陪伴我从懵懂到成熟。

现在，它已经卡顿得厉害，屏幕也有一道细缝，我甚至不得不每天上下班的途中一遍遍清理不必要的信息来释放出一点儿可怜的空间。

即便如此，我仍视它如珍宝。

子木多次要求我换手机，甚至调侃我老毛病又犯了，吝啬，丢人现眼。

但我能回应的也只有这句话：“你不懂，这个对我有特殊的意义。”

我见过朋友圈里有人晒一些常人看起来根本无法理解的照片：“这双鞋陪了我 11 年，看来脚也没怎么长啊。”

“毕业四年，一人在广州，陪伴我的只有大学毕业时闺密室友送我的这只小熊，感谢有你的陪伴让我学会坚强……”

“我的诺基亚昨天再也开不了机了，我买了一瓶白酒，一边喝，一边哭成了傻子。”

一件起球的毛衣，一部廉价的手机，一双破旧的鞋子，一只寻常的抱枕，一处不起眼的风景，一家寒酸的餐馆……谁说，它们不是这世界上最珍贵的东西呢？

它们陪伴我们走过了人生最艰难也最难忘、最寻常也最永恒的时光，即便后来这个世界有更多的色彩，更多的选择，更好的给予一一摆在面前，但总有一些东西是无法替代的。

它们是如此的不起眼，却也如此的不可替代，以至于成为我们生命的一部分，而永远都不分离、不舍弃、难忘怀。

华服虽好，抵不过起球的毛衣。

Part 4

所有的不思进取，都披着“努力”的外衣

繁花开时默不作声，风云流散不易察觉。真正努力的人根本无须大张旗鼓去证明什么，现实是残酷的，你在孤独的时光里有多努力，结果就有多耀眼。

所有的不思进取，都披着“努力”的外衣

01

板栗是我在北京实习期间合租的室友。一次，我下班回家刚进门，就听见板栗在跟电话另一端的女朋友争吵。起因是对方无意间问了一句：什么时候买房子？

板栗的火一下子就上来了，两人吵得不可开交。板栗对着电话怒吼：“你知道我在外面有多不容易吗？！我这么努力，每天累死累活的，可你呢？整天就知道催催催，现在房价这么贵，能怪我吗？”

挂完电话，板栗的房间传来了英雄联盟的背景音乐声，直到另外两个室友回来，他还在和队友“开黑”。

我实在不能把此刻打游戏打到半夜的板栗，和他电话里那个“累死累活”的上进青年联系在一起。

据我所知，板栗在一个工作室做平面设计，平时的工作也远远称不上累。他每天准时上下班，回到家里基本上就是玩儿游戏、看美剧，周末也没什么社交活动。

实习期结束，我将一些带不走的书分给了室友，敲开板栗的门，屋里传来一股混合着剩饭剩菜跟碳酸饮料的味道，我把书给他，问了句：“你今后怎么打算？”

“先努力几年再说吧！”

言谈举止中，我没有读出任何有关他“努力”的信息，而他挂在嘴边的“努力”二字，更像是一个借口。这样朝九晚五地“努力”着，一成不变，五年后和今天能有什么区别呢？

我一个好朋友曾经跟我说：“这年头，你不装得努力点儿，总感觉少了些什么。”

我敢跑到北京当北漂，说明我很努力；我脑子里每天都在告诫自己要努力；一线城市压力那么大，留在这里，说明我很努力……有时候，“努力”就像一件华丽的外衣，掩盖了不思进取的事实。

嘴上喊着所向无敌，心里却不堪一击。自欺欺人，找各种理由各种借口，不断安慰自己：这不是我的问题。

不断回避问题，拖拉糊弄、虚与委蛇，不断向现实妥协，寄希望于虚无缥缈的明天，过去的就那样儿了，今天得过且过，明天谁知道是什么……

最终一步步地迷失掉了自我。

02

和我一批实习的有个女生叫小如，每天她都是单位来得最早、走得最晚的那个。

她朋友圈最多的状态就是“凌晨到家，继续干活咯”，“努力的人，全世界都会为你让路。”

我们常常开玩笑地说：“这么努力是要直接转正的节奏啊！”

一次部门会议结束后，总监对小如说：“这次资料采集虽然你的成绩不是很好，但是不要灰心，你的努力跟勤奋大家是有目共睹的，下次注意。”

第二次开会的时候，小如的业绩仍然是最差的，总监面色稍有不悦，但还是没有说什么。这么努力的女生，虽然业绩差了点儿，又怎么忍心批评甚至指责呢？

但是，事不过三。一次不要紧，两次没关系，可接二连三呢？没有一个老板会因为一个人的善良而原谅员工的不作为。

最终，小如从销售部调了出去，负责一些行政上的工作。

后来我们私下讨论，小如这么一个努力上进的女生，为什么工作上一直没有起色？

大家你一言我一语，一些平时我们忽略掉的细节逐渐浮出水面。

“她总是来得最早，但是大家都到了，她还在慢悠悠地吃早餐刷微博。”

“我有次晚上临时加班，看见小如一边做图表，一边小窗放综艺节目，就是那次她把数据给搞错了。”

“上次老板让她做一个部门架构图，她愣是花了一个下午找了几十个模板，其实这种事自己动动脑子，一个小时就做出来了。”

“她所有的工作，都卡在节点上，最后慌慌张张弄完。”

扪心自问，你在某件事上花费了那么多的精力跟时间，你在常人眼中是那个最勤奋的人。但是，这真的代表你努力了吗？

繁花开时默不作声，风云流散不易察觉。真正努力的人根本无须大张旗鼓去证明什么，反倒是故作姿态的人最终会露出马脚。

现实是残酷的，时间花在了哪里，究竟是努力，还是虚张声势，最后都能看见。

03

研二期间，宿舍住进来一个研一的新生。这个女孩儿平时喜欢购物和追剧，最新的综艺，不管是国内国外的，几乎一期不落。

临近期末考试前半个月，她还是没事儿人一样。直到开考前一周，她才开始有点儿慌了，一大早起床，每天晚上11点才回。

我早上醒来看了一下朋友圈，只见她昨天晚上凌晨两点发了一条状态：“你的努力，终将美好。”

可是考试完，她一门主课挂科。

凌晨两点还在看书，很努力吧？但这种临时抱佛脚的努力跟投机取巧没有什么分别，明明可以在平时一点一滴的日常中做好，为什么偏偏要攒到一块儿慌里慌张做交差状呢？

事后埋怨发牢骚，怎么不反思一下，早干什么去了？

有一次，她在看综艺节目忽然感慨：“欧巴简直太帅了，人又好，菜又做得好，情商高到简直没朋友，而且你们知道他有多努力吗？这么完美的人演戏居然不红，没天理。”

“一个演员不好好琢磨演技，整天整那些有的没的。戏不好，其他再好也都是花架子。说白了没往正地方用劲儿，越走越偏。”我简直想给这位语出惊人的室友点一个大大的赞。

我们身边有太多这样的人了：转了一篇励志鸡汤文，就证明我开始努力了；听了一节付费课程，就幻想自己已经脱胎换骨；下载了英文App、买了电子书、办了健身卡，OK，在形式上我绝对过关；订了一个计划，执行了三天废掉了。没关系，最起码我一直在不断制订新的计划，从这点上来说，我还是非常积极且富有效率的。

所有的不思进取，都披着“我很努力”的外衣。

不努力，就出局

01

点点把实习单位选在一家服装公司，她被分在市场部做市场调研。

带她的是一个大她四岁的漂亮女孩儿小秋。小秋是市场部的红人，形象气质都很好，被大家看作是市场部的门面。

项目负责人的位置自打上任离职后一直空缺，这次小秋又被指定为带实习生和负责新项目的人选，所以私底下大家都在纷纷猜测：如果做好这个项目，小秋很可能出任项目部的主管。

新项目启动以后，市场部的策划工作全面开始。

小秋把策划书中需要搜集数据和建模的任务交给了新来的点点，并跟她说："趁着实习多做点儿事，对将来有好处。"

为了这些数据和图表的建模，点点几乎两个月来每天都在加班、查资料、外出调研、调出以往所有的项目策划书反复参考比较。

一边的同事看点点每天累得半死，好心提醒她："别这么傻，别人网上购购物，跟着电脑学学化妆就升职加薪了，最苦最累的活儿扔给你干，最后你的名字连策划书都上不去。还不是为他人做嫁衣！"

点点每天照旧加班到深夜。

两个月后，小秋代表市场部在公司股东面前做PPT汇报。她上佳的口才和专业的PPT数据让台下的董事们纷纷点头表示赞许。小秋心里暗暗窃喜自己今天的完美表现。

这时，台下一位董事忽然问："刚才你讲到的ROI投资回报率和Conversionrate转化率部分得出的数据非常有意思，请问你是基于什么算法得出的这两项数据呢？我非常想仔细了解一下。"

小秋整个人都懵掉了。因为她根本就不知道这些数据是哪里来的。就连Conversionrate这个单词的发音，也还是点点刚刚教给她的。

她回答不上来，只好请点点上台。点点的分析清晰明了，各项数据都令人信服。这个实习生给集团董事们留下了深刻的印象。

"整个策划书连你的名字都没写，有没有觉得这样做不值得？"一个月后总部派人来和点点面谈。

"功不唐捐。我知道假如我不努力，我可能连靠边儿站的机会都没有，直接就会被踢出局。”

点点因此被破格转正，调往总部。而小秋，不仅没能当上项目负责人，还被转了岗。

更多的时候，天赋是一张贵宾席的入场券，它让我们离舞台的中央更近，但并不代表我们就可以成为万人瞩目的焦点。真正难走的路不是从后场走到前排的距离，而是从地面走向高台的阶梯。

这世界上，有多少天赋败给了努力，又有多少才华输给了坚持。

据说，母鹰在幼崽进完食后，会将其翅膀踩断，扔下悬崖，生死关头，小鹰必须忍着疼拼命拍动翅膀往上飞才能活命。

好看的翅膀，有时只能用来绕树三匝，假如想要撕破长风，搏击天宇，你就必须经历一番历练激荡，直至厚积薄发，一飞冲天。

02

你要明白：再优异的禀赋，再闪耀的天赋，也终将有殆尽的一天。任何现成的天赋异禀，都不足以支撑你披靡人生。

回顾“跳水皇后”陈若琳的职业生涯：三届奥运会 5 枚金牌，奥运史上首位卫冕十米跳台单、双人跳水的选手；女子双人十米跳台大赛 14 连冠；国际性赛事 59 连胜；22 个世界冠军……陈若琳用 10 年的时间创造了太多让人难以望其项背的成绩。

可就是这样一个有着绝佳天赋的运动员，也不得不面临现实的挑战。2015 年，喀山游泳世锦赛中国对内选拔赛上，陈若琳在常年称霸的女子十米台项目上出人意料地以 342.80 分排在第六。

领队周继红当场严厉批评她说：“不要以为自己有了以往的金牌和荣誉，就可以吃老本！”

经历了连续的比赛失利和世锦赛单项落马，给了陈若琳当头一棒。

“我一直觉得自己有水平，有能力，所以就没有像原先训练那么认真，觉得比赛前稍微认真点儿状态就能上来，但是现在看来，并不是这样。”

就算你有着令人欣羡的天赋异禀，就算你此前攒下的底子再厚，一朝懈怠，就会被无情地抛在人群之后。

这个世界上，优秀的人太多了，优秀又努力的人更是数不胜数。

上中学的时候，老师曾说：你要考上最好的高中，那样才能出类拔萃。考上重点高中才发现，原来在一群出类拔萃的人中间，你仍旧是再普通不过的一员，然后考上重点大学，再然后进入大公司，发现那里依旧人才扎堆，精英云集——这个世界，从来不缺的就是优秀。

03

电影《梅兰芳》中有这样一个桥段：一代名伶十三燕一手发掘并且提拔了梅兰芳，有一次，梅兰芳在舞台上临场加了身段，演出获得满堂彩，但却遭到十三燕的反对。

他的理由很简单：祖宗的规矩，不能改。规定的七步就是七步，不能多，也不能少。不能改词，不能加身段。

抱着祖宗规矩的十三燕和一心求变的梅兰芳终于迎来了正面交锋。在首日的打擂中，十三燕大胜，第二场梅兰芳改演排好的时装新戏，反败为胜，后来居上。十三燕最终败给了自己的顽固和闭目塞听。

美国著名的乐队指挥沃尔特·达姆罗施少年得志，20 岁就当上了乐队指挥。他觉得自己的才华无与伦比，地位也无可撼动。

一次排练，他忘记带指挥棒，正要回去取，助手跟他说：“你跟其他人借一根就可以了。”

沃尔特想：你是不是傻，除了我，其他人怎么会有指挥棒？

于是他开玩笑地问：“谁有指挥棒？”

话音刚落，大提琴手、小提琴手和钢琴手各自掏出了一根指挥棒。

沃尔特·达姆罗施大为震惊：原来自己并不是什么不可替代的人物，有那么多人一直在暗中努力并且等待机会随时取代自己的位置。

自此以后，每当沃尔特想要偷懒或者膨胀的时候，那三根指挥棒就会在他眼前晃动，时时提醒他保持谦逊和努力。

有个很热的段子：你的对手在看书，你的仇人在磨刀，你的闺密在减肥，隔壁老王在练腰。你必须不断地努力，才能不让他们有可乘之机。

要知道：天赋、才华、光环也将消失；好看的脸蛋、曼妙的歌喉，也有“保质期”；瓦尔登河畔的篝火、亚马孙雨林中的参天大树也会消失不见；在生活的竞技场上，从来没有全身而退，坐吃老本一说。

你不努力，就得出局。

你站着不动，哪来的海阔天空

01

闺密紫米是一个颇为传奇的女生。大学开学第一周，她拿出三个月的生活费，在附近的小商品市场进了一批水壶、脸盆、衣服架之类的生活用品挨个儿寝室去卖。

开始大家劝她别折腾，万一钱没赚到，东西就砸手里了。

“没事，大不了我留着大学四年用。”

结果不到一周时间，她就把手上的货全部卖掉。收回成本后，还多赚出了两个月的生活费。

有人觉得紫米厉害，也有人不屑。

睡我对铺的女生私下说：“这种事儿谁不会啊，趁着开学，傻子都能赚钱。”

后来紫米利用周末在学校旁边的学院路上摆摊。这个女生又冷眼说："这年头摆摊顶多就是个体验，这种事体验一次就行了，还真以为能赚大钱？幼稚。"

大四实习，大家一边手忙脚乱准备论文开题，一边抓耳挠腮四处找实习单位。而此时的紫米已经租下学校旁边的一间铺面，有了自己的小服装店。她还雇了两个大一女生看店，生意做得有模有样。

到今年，已经是大学毕业的第三年。

紫米找到了合伙人，在大学城已有了三家自己的服装品牌连锁店。前段时间她接连收到了省媒和学院的邀请，并高票入选该市"十大杰出青年"候选人名单。而那个对紫米冷嘲热讽和一脸不屑的女生，前两天却因为上班迟到被扣了50块钱而愤愤不平，连发了数条朋友圈表达不满。

曾经她是那么自信甚至自负能轻而易举地超过紫米，现在两人的境遇已经云泥有别。

我问过紫米："当初别人嘲笑你的时候，你听了不难过吗？"

"哈哈哈，没关系啊，现在我难过了一张机票可以去海南哭，去巴黎哭，可以看着洛杉矶的夕阳哭，泡着圣托里尼的温泉哭，想怎么哭就怎么哭！我可以哭得梨花带雨，也可以哭得海阔天空。"

是的，海阔天空的人生是一步一步用脚印丈量、一点一滴用汗水浸染出来的，而不是说了太多，站着不动，想得很美。

02

路表哥又成了他朋友圈里的网红。这次，他发了一张和厄尔布鲁士峰的合影。算上这次俄罗斯之行，路表哥已经到过 6 个国家。

当初，他和读研究生的哥们儿约定，在 30 岁结婚之前，要去 10 个国家旅行。毕业之后，大家天南海北地散了。后来都各自走上了工作岗位，开始谈婚论嫁，计划买房买车了。

一次路表哥和当初最好的哥们儿打电话，问他去不去尼泊尔，对方说：“老路，你都 27 岁了，怎么还那么幼稚，你真以为像我们这种人能放下工作跟生活去看这个世界？醒醒吧，没房没车，你什么都不是！”

路表哥跟我说，那天晚上他挂完电话，一夜没睡。

第二天，他就启程，独自去了尼泊尔。

他回来的那个周末，我去看他，我问他：“老路，你有没有想过，也许诗和远方，注定敌不过眼前的苟且？”

“小狮，你不试一试，怎么能明白生活是怎么一回事儿？我承认，现实的惯性是巨大的，但有些事情既然你已经起意，就去试。不成功，成功一半儿也无憾啊！而不是脑子里只有那么一个空念想。”

路表哥就这么一步步逼近那个听起来遥不可及的目标。为了看到更多的风景，他更加努力，经济上非但没有捉襟见肘，反而因此成为领导器重的年轻人，把花掉的钱都挣了回来，还在旅途中邂逅了自己的另一半。

路表哥说，那个电话让他至今耿耿于怀。

凭什么“像他这样的人”就不能去看外面的风景？谁规定生活的面目就应该是千篇一律的苦大仇深？

人生如果是一味退缩，轻盈前行的步伐势必会变得冗杂而繁重；假如因畏缩而止步不前，最终看到的也只不过是生活最平庸的样子。

诚然，有人会说：“停下来，甚至有时后退也是一种智慧啊！”

别自欺欺人了，扪心自问，哪一个暂时的停伫，不是在判定方向进而艰苦跋涉奔向终点？哪一个智慧的后退，不是以退为进，然后将自己置身于充满挑战的未来和远方，争做惊涛骇浪中的弄潮儿？

停下来最多是驿路安稳，退一步最多是风平浪静，唯有前进，方能鲜花载道、海阔天空。

03

《猎场》中，郑秋冬精心制造了和曲闽京的见面机会，就在事情有了一丝转机的时候，曲闽京却得知郑秋冬先前冒名顶替覃飞和坐牢的“黑历史”，并误将郑秋冬当作了自己竞选区长的对手展天啸的人。

事态一下恶化，好朋友林拜和前女友罗伊人都劝他放弃。

郑秋冬却在短暂的恐慌之后，恢复了冷静，他对林拜和罗伊人说：“假如我们现在放弃，那我们就成了平庸的大多数。既然运气差到家了，那就试一试。不试一试，怎么就知道不可以？”

他没有坐以待毙，而是下定决心要完成这个“不可能完成的任务”。

林和罗受其感染，改变心意鼎力相助。在罗伊人的说服下，曲闽京被郑秋冬拒绝盗取地中海银行客户数据，主动辞职而被总部授予杰出员工的演讲词打动，同意和他见面。

为了抓住这次机会，郑秋冬从曲闽京最喜欢的茶叶，到曲夫人最喜欢的迷迭香，再到会面的地点，甚至窗帘颜色、室内温度都进行了精心地布置。

最终，他的专业和才华征服了曲闽京，曲闽京同意担任南国集团CEO。

此后，在曲闽京的推荐下，郑秋冬又陆续接触到了许多大集团，逐渐成长为业内的“顶级猎头”。

木心先生说：“所谓无底深渊，下去，也是前程万里。”

就算面临绝境，只要拿出勇气和智慧，永远都有峰回路转、柳暗花明的一天。

昔日陆逊连丢几十座城池，诱刘备深入茂林，夷陵一把大火，顿时扭转时局，一举为江东扳回数十年太平。

通向未来和远方的路总是吉凶未测，有多大的诱惑和憧憬，就有多少的危险和狐疑，可洪荒世界，本就是不进则退，以退为进，哪怕是停下来作壁上观，最终的目的也是“玉在椟中求善价，钗于奁内待时飞”。静待时变，一鸣惊人。

不进便退，没有中间地带。

04

我希望很多年以后，当我们回首往事的时候，可以这样说：我拼搏过，也失败过，有过激动不已的青春岁月，也有过忍辱负重的艰难时节，我并没有因为害怕而止步不前，即使被摔得头破血流，也没有因为贪图安逸而小富即安。我想过的，都努力去尝试，我做过的，都问心无愧。

想爬山？最近的山离你不过几百公里，周末足够成行；想学吉他？买把便宜的先练着呗，若真心喜欢，别太在乎几百块钱；想有自己的文风？没事儿就写写，写多了自成风格；想跟喜欢的人表白？别磨叽，主动一点儿，你们就有故事了。

你说过很多豪壮的话，做过许多绮丽的梦，你说山川迤逦，江河隽永，人生广袤，岁月繁荣。

可你站着一动不动，要什么海阔天空？

千帆过尽，风轻云淡，地远天高，足迹越宽广，人生越精彩。

不懂得学习的人，正在被时代淘汰

01

前段时间有两条刷屏的新闻：

一条新闻是，河北唐山市地方政府把地方上的路桥收费站都取消了，之前收费站的工作人员也面临着下岗，于是他们去找有关领导讨说法。

在这群下岗人员中，一位 36 岁的大姐说：“我今年 36 岁了，我的青春都交给收费站了，现在啥也不会，也没人喜欢我，我也学不了什么东西了。”

除了收费什么也不会，一句话引起网上强烈讨论。

另一条新闻是，阿里巴巴年薪 40 万招聘资深产品体验师，要求年纪在 60 岁以上。

招聘结束后，首批应聘到岗位的 10 位大爷大妈参加了线下沟通会。其中 83 岁的清华学霸奶奶是十几个群的广场舞 KOL（意见领袖），经常组织一些线下活动，62 岁的曾大爷更是直接拿出自己做的 PPT，他还有一手熟练操作 Photoshop 的绝活儿……

年轻网友纷纷表示："直接碾压 20 多岁还在用美图秀秀的我。"

一边是年过花甲古稀的大爷大妈大秀才艺，一边是 36 岁的女收费员哭喊自己早过了学新东西的年纪，除了收费什么也不会。

两则新闻放在一起比较，我们不难得出一个结论：不懂得学习的人，正在被这个时代淘汰。

02

想要不被取代，就要有随时随地学习的能力。

在德国的西比希城，有一个家喻户晓的老太太约翰娜·玛克司。1994 年，70 高龄的约翰娜·玛克司经过长达六年的刻苦攻读，以优异的成绩获得了科隆大学的教育学硕士学位。9 年后，79 岁的约翰娜·玛克司，完成了自己长达 200 页的博士论文，论文的题目是：如何安度晚年——学习使老人永远充满活力。

而此前，她只不过是一个普通的小职员。退休以后，因为不满于现状，她报了法语班，后来萌生了上大学的念头，入学的第三年她艰难地学会了使用电脑，并修满了所有的学分。

博士毕业后，约翰娜·玛克司登上了迪沃累克的脱口秀，成了德国家喻户晓的人物。

谁也没有想到，一个退休的老太太竟然在80岁迎来了人生的巅峰。

据统计：近10年来，人类知识的总量超过了以往2000年的总和。并且，还在以成倍的速度发展。

举个例子：假如一个行业里的权威学者，三年不学习新知识，那么三年后，他几乎不可能看懂一篇本行业里前沿的博士论文。

稳定往往会带来一个弊端，它使人丧失斗志，如同温水中的青蛙，不敢主动做出改变，而一旦改变来临，势必会陷入被动之中，甚至惨遭淘汰。培养随时随地学习的能力就是打破这种沉闷和稳定的一枚筹码，它是一种纵向的自我提升，在横向上也是对自我人生的一种丰盈。

没有人能啃着在学校学到的知识混一辈子。

事实上，一个人在学校里学到的知识，在此后的工作中只能用到其中的20%左右，任何人都不要过早地下“过了学习的年龄”“心有余而力不足”的结论。

英国作家路易斯·卡罗尔的《爱丽丝镜中奇缘》中，红皇后对爱丽丝说：“你必须不停地奔跑，才能停在原地。”

生物学家利·范·瓦伦借用这句话，在1973年提出了著名的

“红皇后假说”，并一针见血地指出了自然界的生存法则：不进即是倒退，停滞等于灭亡。

“墨子号”量子科学实验卫星首席科学家潘建伟院士，在一次访问欧洲的时候，在阿尔卑斯山的一座小镇遇到了一个坐在轮椅上的老太太，然后有了一段很有意思的对话——

老太太：你是干什么的？

潘建伟：研究量子物理的。

老太太：你研究量子物理哪一方面？

潘建伟：量子信息、量子态隐形传输。

老太太：我读过你在《自然》上面发表的那篇文章。

潘建伟听后惊讶不已。

他心生感慨，在这样一个信息闭塞的地方，一个耄耋之年的老人依然对世界上最前沿的科学保持着浓厚的兴趣，这种终身学习的精神实在令人敬佩。

学习应该是一个人一生一以贯之的事情。

无论你从事什么行业，无论你多大年龄，无论你是否愿意。

03

之前在网上看过一个段子：一位大哥因为走私罪被抓，死活不交代藏货地点，最后判了20年。20年后，他刑满释放。带着小弟们到郊区找到了埋货的地点，一群人挖了半天挖出一个大箱子，大哥激动地说：“这批货一出手我们就有钱了，这些年的苦也没白吃。”最后箱子打开了，满满一箱BB机。

其实我们可以不把它当一则笑话来看。它说明了一个再简单不过的道理：一个事物被淘汰和一个人的落后，一定是因为这个事物和这个人丢失了核心竞争力。

2007年年初，乔布斯缔造的苹果公司发布了第一代iPhone，诺基亚的工程师们在第一时间就拿到了样机，但他们对这台新手机并不感兴趣，因为苹果引以为豪的触摸屏技术本来就是诺基亚公司的专利。

当时，诺基亚的一款经典机型在全球累计销售了2亿台。在巨大的利润面前，诺基亚根本没有动力去创造一台颠覆时代的科技产品。

结果没过几年，曾经的行业龙头老大诺基亚一夜之间轰然倒下，苹果却成了全世界市值最高的科技公司。

很多人都问过一个问题：什么是核心竞争力？

有一个很形象的解释：假如你具备某种能力，而具备这种能力的人占比为10%，这个能力本身有价值，就可以称之为竞争力；如果你同时具备另一种能力，同样具备该能力的人占比也为10%，而你的这两种能力是互相独立的，那么同时具备这两种能力的人的概率就是10%×10%=1%。这就是核心竞争力的意义。

真正能让你与众不同、脱颖而出的，一定是因为你在某个领域、在某个角度上与众不同，一定是因为你在某件事上有大多数人所不具备的独到见解，而绝不是单纯地说你很优秀或者说你很勤奋。

要知道，把一个优秀的人放到一群优秀的人中，是没有意义的，而假如这个优秀的人同时拥有别人所不具备的某种素质，那么这个人才会脱颖而出。

为什么很多美女身边总是有一个既没有钱，又不好看，个子还矮的男朋友？

你会发现这些男生要么幽默，要么善解人意，要么细心善良。总之，一定有其独一无二的特质。

因此，我们需要做的，就是去寻找别人忽视的领域，通过自己的努力抢占有利的位置，疏通其中的关键环节；同时，将自己擅长的部分继续深挖到极致，形成自己的核心竞争力，你才有可能脱颖而出。

04

当阿尔法狗击败人类最顶尖的围棋高手柯洁的时候，很多人都感慨：人类马上就要被机器取代了。

可没过多久，阿尔法狗就被打败了，而且以0:100的战绩惨败，打败它的正是不断学习的升级版本阿尔法狗 zero。

真正能笑到最后的，一定是那些不断学习、提高、完善自我的人。

“36岁，才多大啊，这么年轻就自暴自弃，虽然可怜，但也应了那句话，可怜之人必有可恨之处。谁也不用求，最后只能靠自己。”我一个同事感慨道。

36岁的收费站大姐的境况固然令人同情，但人并不是靠同情活着的。

拒绝学习，拒绝新知识，拒绝迎接新挑战，无论是有什么样的苦衷和不得已，其结果都是一样的，那就是被这个社会无情淘汰。

因为除了你自己，谁也无法改变你。

哪儿有什么天赋异禀，只不过是做事具体

01

2007年年底的一个周末，两个许久不见的高中同学宛宛和尖尖约我出来吃饭。

三人闲聊中，宛宛感慨道："时间过得可真快，一眨眼2018年了。想想刚过去的一年，接下来继续努力吧，希望早点结束水逆。"

上一年7月份，宛宛换了第三份工作。新工作刚一转正，总部就把她派到郑州去负责市场开拓。

"哎，工资没涨不说，新市场哪有那么容易就打开局面啊，今年的年终总结还不知道要怎么写呢，心里不满又能怎么样呢？好在那边时常能接触到500强的客户，也能长不少见识，只能这么安慰自己了。"

宛宛无奈地摇摇头，转身问一旁的尖尖："尖尖，听说你去读在

职的 MPA 了？”

尖尖点点头说：“是啊，上班以后发现自己学的东西不够用了，趁着在北京工作的地利之便，刚好给自己充充电。”

之后又聊到今年的打算。

宛宛说自己也没想过这个问题，走一步算一步，反正在外面总是能长见识的，比待在四线小城要强。

尖尖说：“我打算考郑州的事业单位，所以当初选了 MPA。前段时间签了两本书，今年除了上课和工作，最主要的就是把这两本书写出来。明年拿到学位证和新书出版，就符合用人单位的录用标准了。也刚好在郑州交满两年社保，考虑在那边买个小户型，到时候把我爸妈也接过去。”

宛宛大学毕业三年，换了三份工作，频繁的跳槽并没有让她的薪酬水涨船高，尽管她一再强调自己现在的工作可以见世面，可以接触更高端的人士，但她的生活品质和三年前比起来并没有任何提升。

反观尖尖，同样大学毕业三年，她不仅有着明确的人生和职业规划，同时她要做的每件事情都能落到实处，有主有次，有明确的节点。

同样的两个人，相似的家境，相近的智力，所差无几的教育背景，几年以后却形成了截然不同的人生境遇。

02

两年前，我曾有过一次西北三省之行。

因为抵达兰州当天下起了大雨，原定的五泉山路线不得不作出调整。在酒店稍作休整后，下午打车去参观甘肃省博物馆。当天人很多，尤其是二楼丝绸之路展厅那尊著名的铜奔马前，更是人流如织。在一个僻静的角落，一对老夫妇的对话引起了我的注意。

老爷子拄着拐杖，在老伴儿的搀扶下贴着展柜的玻璃看着里面的竹简，说："这就是《王杖简》了，有名的很，书法也很漂亮。"

这个时候，一个小型的旅行团围到了这边，馆内讲解员开始给大家讲解汉简的历史。

她讲的一段话很有意思。大意是说：汉文帝时期国家重视养老，考虑到老人"非帛不暖，非肉不饱"，于是规定八十岁以上的老人，每月由朝廷赐给一石粟米、二十斤肉和五斗酒，保证老年人能够颐养天年，衣食无忧。在发现一些郡县的官吏故意发放给老人陈粟旧米后，会进行严厉的惩罚。

游客散去后，老爷子问讲解员："姑娘，你是这里的讲解员吧，你讲得很好，很全面。我有个问题能不能请教你？"

他问了那个姑娘这样一个问题："为什么汉朝那么强大，强大到后世的中国人都以汉人自居？"

姑娘回答说：“可能是因为它的文化、经济、军事实力都比较强盛的原因吧！”

老爷子笑着说：“都说老有所依，什么是老有所依？你到了八十，国家给你粟米酒肉，到了九十给你布帛棉絮。这依据清清楚楚。这么小的事儿，都做到位，都能这么具体，你想想，一个国家怎么可能不强大呢？”

我们说汉朝强大，并不是因为一句“敢犯我强汉者，虽远必诛”的口号，而是因为它把老人孩子都能“有所养，有所教”写进了法简当中。

休谟说：“一个人不论赋有什么样的才具，他如果不知道自己有这种才具，并且不形成适合于自己才具的计划，那么才具对他便完全无用。”

就像我们每个人都声称自己有梦想，有梦想并不值得称颂，真正值得称颂的是，你为梦想具体做了些什么。

03

电视剧《虎啸龙吟》中，诸葛亮为了引诱司马懿大军进入上方谷，在病重之时，依然徒步翻山越岭，往返于祁山、渭水之间，仔细勘察地形。

他对身边的兵卒说："二十年来，外面都传我有天人之智，精通奇门遁甲，其实真正的用兵之道，不过在于勘察地形，知天文，晓人心，没有捷径可走。"

《胜利即正义》中，大导演宇都宫仁平要求自己的学生穗积孝不眠不休地工作，穗积孝被痛骂后，精神受到打击，将老师告上法庭。

面对不成器的学生，宇都宫仁平面无表情地说："才能这种东西，本来就是该靠自己挖掘创造的！我也不是什么天才。我只是比任何人都拼命工作，一步一个脚印走过来了。等我回头一看，背后没有一个身影。那帮懒惰的人都在山脚念叨着：谁叫那家伙是天才。"

他之所以这么做，无非是在磨炼和考验穗积孝。

哪有什么清一色的天赋异禀？你看到的大多只是优秀的结果，而我们真正要学习的反而是通往这个结果的过程。

"你见过凌晨四点的洛杉矶吗？"科比·布莱恩特为了将投篮命中率提高一点儿，要投出上万次球。"一个人只要具备一丁点儿天赋就可以扩展成很大，没有勤奋就没有一切。"朗朗 7 岁时，他每天的练琴时间是 6 个小时，到了周末，这个时间会翻一倍；"你们看到的可能 1%都不到。"张继科四岁半开始练球，在父亲严苛的训练下，每天将近 10 个小时的训练强度，每年只有大年初一一天的假期……

我没见过谁天生什么都不做、都不付出就变得优秀的。

真正优秀的人无不是在不断地丰盈和充沛着自己的人生，不让一处含混不清、稀里糊涂。但凡任何一件事，你能做到具体，而绝对不是嘴上说说，就是优秀。

有时候，不是你想得不够多，而是你做得太少；不是你没有激情，而是你缺乏决心；不是你甘心平庸，而是你没有打破常规的勇气；不是你不够聪明优秀，而是你没有把事情做到具体。

真正的人生，一直攥在你自己手中

01

表姐上学的时候是出了名的才女，爱写小说，还拿过全国赛事的大奖。

她立志要当个作家。所以在高考报志愿的时候，她报了中文专业，让人大跌眼镜。

“女孩子家的，学个将来能挣钱的专业，找个门当户对的好人家才是正路，作家这种虚头巴脑穷酸气的工作，不准念！”舅舅坚决不同意表姐念中文专业。

大学期间，表姐跟一个中文系的男生谈恋爱，两人有了谈婚论嫁的念头。

“他一个农村来的穷小子，能买得起房还是买得起车？你俩以后怎么生活？是靠喝西北风，还是背诗词？”表姐又一次妥协了。

在父母的安排下，表姐通过相亲认识了她的先生，一家民营企业的老板。起初表姐不同意。舅妈几次三番劝她：“你嫁过去这辈子就衣食无忧了。女人这一辈子就这么点儿事，迟早你会明白的。我跟你爸也是相亲认识，不也过了几十年？”

表姐嫁过去后，表姐夫让她辞掉工作，专心做个家庭主妇。

因为工作忙，表姐夫很少回家住。有时回了家便对表姐摆臭脸，还挖苦她养尊处优，好吃懒做。两人因为兴趣和学养相差悬殊，矛盾开始激化。

表姐夫喜欢喝酒，动不动就撒酒疯，还打表姐。表姐忍无可忍，提出离婚。

父母第一个站出来反对：“女人要顺着点儿丈夫，多替婆家考虑，忍忍吧。”

“这不是第一回了，我快被他打死了，你们居然还让我忍！”这一次，表姐没有听从任何人的安排，一纸诉状把丈夫告上法院。

离婚后，她去了一家传媒公司，从事自己喜欢的写作行业。凭借自身的天分和满腔热情，三年后她当上了内容总监。

她也找到了和自己志同道合的另一半，两人喜结良缘，生下一个可爱的女儿。现在一家三口，幸福美满，羡煞旁人。

我问她成功的原因，她说："一直以来，我都在别人的安排下生活，我妥协了，我听话了——结果呢，我过得好吗？我过得一点儿都不好。现在，我按照自己的意愿去生活，我成功了。这就是我成功的原因。"

旁人会告诉你，"这才是对的"；朋友会建议你，"你应该这样"；亲人会劝诫你，"这是为你好"……

你一直在按照别人的想法和建议生活，总在别人的眼光和看法中隐藏真实的自己。结果是，你既没有活成别人想要你活成的模样，也没能活成自己想要的样子。

到最后，所有的人都置身事外，留下你自己一个人收拾烂摊子。没人会为你的生活负责，即便是再亲的人。

而你要为之负责的人生，居然一开始就不是你想要的。这恐怕才是这个世界上最可悲的事。

凭什么成功的人会是你？

最近有一条刷屏新闻：外卖小哥雷海为在《中国诗词大会》的总决赛上战胜北大才子彭敏，一举夺冠。

有人调侃："如今送外卖的小哥都能碾压北大才子了。"

碾压北大才子的当然不是外卖小哥这个群体，而是外卖小哥雷海为。为什么是他，而不是别人？

“几个工友合租一间房，我用别人看直播打游戏的时间背诗……”答案不言自明。

王尔德说：我们都在阴沟里，但仍有人仰望星空。

当所有的人都把这话当成了烂俗的鸡汤，有人偏偏就从鸡汤中汲取了营养。如果不敢做自己，凭什么成功的会是你？

在知乎上，有一个非常有名的提问：到底是什么，让一些学生时代看起来特别优秀的人，后来成了特别平凡的人；而当时看起来平凡无奇的一些人，后来却做出了超越了他们水平的事情？

这个世界上从不缺少盲目从众、随波逐流之辈，他们叫嚣最甚，却永远平庸。一定是因为你做了和众人都不一样的事情，一定是因为你遵从了自己的内心，才让你在茫茫人海中脱颖而出。

答案，有时并不复杂。

02

有这样一个笑话：有一天，一个人在街头闲逛，看见一长队绵延，于是赶紧跟到后面排队，唯恐错过什么购买紧缺必需品的机会。等到队伍拐过墙角，他才发现：原来大家是排队上厕所。

用心经营和打理自己，和把心思全花在揣摩别人、迎合世俗上，这两种人生是截然不同的。

一次，去采访插画师李晓林。她讲了一个故事：

2013 年，李晓林的美食系列绘画作品开始在网上连载，逐渐引发网友关注。

期间，央视纪录片《舌尖上的中国》在毫无预兆的情况下一夜爆红，一时间美食类节目层出不穷，纷纷跑来蹭热度。

李晓林的美食系列恰是题中之意，完全可以“好风凭借力，送我上青云”。可她并不打算蹭这个热度。

“我们找古籍做佐证，看看能不能找到像元宵、端午等美食的准确记载……如果没有，就找当地的人，看他们在某一个时节吃什么，观察这个节气的时令蔬菜。我觉得所有的作品真诚是第一位的，如果你把真诚注入进去，那看到的人也会读到你真诚的状态。”

就这样，每月一张，扎扎实实画下来，花了整整两年时间。功不唐捐，终于有了后来大红的《二十四节气美食图》。

《诗经·国风》中说：“考槃在涧，硕人之宽。独寐寤言，永矢弗谖。”

在这样一个人心浮躁、急功近利的环境里，你唯有静下心来，审视自己，梳理自己，安顿自己，避免盲目地人云亦云，避免因为嘈杂的声音而忘记了心底的旋律。

永远不要让别人左右了自己。

03

前段时间，上海海滨二中校长有一篇名为《家长绝不能用世俗价值观去影响孩子选择》的演讲稿在朋友圈疯传。

其中，有这样一段发人深省的话：要让孩子首先成为一个对自己负责任的人，然后是一个对家庭负责任的人，最后是一个对国家负责任的人。有了这种责任感，才能派生出许多其他东西，做人才能很正。

我们不要用自己的选择去替代孩子的选择，也不要让世俗的价值观去影响孩子的选择。

如果孩子可以开开心心、健健康康，自由选择自己要的东西，还有什么比这个更好吗？

一语中的。

其实人生最重要最快乐的事情，不就是按照自己的意愿去生活吗？

老子说：“孰能浊以止？静之徐清；孰能安以久？动之徐生。”

静下来，浊水才会变清；动起来，安宁才会长存。同样，你只有做自己真正喜欢的事情，你的人生才算是真的有价值、有意义。

否则，只不过是一堆苟且罢了。

李晓林说："我觉得庆幸的是：在没有从事绘画之前，我还在把它当副业或者把它当兴趣，大学毕业以后也没有停下画笔。如果那时候我停下了，认命了，可能就不会有后面的故事了。所以你喜欢什么东西的时候一定要去做。"

"你的行动能力很多时候决定了事情的结局。可能你付出了 100% 的努力，最后没成，但是如果你成了，肯定是前面付出了 100% 的努力。"

深以为然。

就像此前看过的一则对话：

"我一定会成功！"

"得了吧，你连做自己都不敢。"

《水浒》中，鲁达在圆寂时留下一偈："钱塘江上潮信来，今日方知我是我。"

千万别等到最后一刻才明白：真正的人生，其实一直攥在你自己手中。

Part 5

何必万事俱备，每一步都是海阔天空

有时候没有取得好结果，不是你不够努力，而是用错了方法。如果你的目标是追逐太阳的话，你只需要在黑暗中等待黎明的到来和观察头顶的天空是否乌云凝结，而不是去关注海中的鱼群走向，去担忧林中鸟兽的吃食。

人生，就是一次又一次的乱中取胜

01

读研究生以前，我曾有过一段时间的工作经历。

我在一家文化传媒公司做新媒体部门的小组负责人。虽然手中的工作日常接近饱和，但是对于经常跟新媒体打交道的我来说，尚有余力。

但很快，我就遇到了一堆麻烦事。先是主编忽然辞职，总监让我临时将他手头的工作揽过来维持日常的运营，选题、审核、校稿、数据分析，还要每两天做一次复盘。然后就是公司领导忽然提出对每个员工执行新的 KPI 考核制度，规定每个员工每个月必须写出 3 篇原创的文章。

就在我疲于应付方方面面的琐碎工作时，总监忽然找到我说："小狮，你之前也作过采访，又是学法律的，现在我们要采访一个法律界的权威专家，我想着让你去，好好准备一下。”

我先是拒绝：“总监，您也看到了，我实在是忙不过来手中的事，要不，您再物色其他人选？”

总监笑了笑说：“那就把手里的工作先缓一缓，或者交给实习生去做，采访很重要，你要好好准备，加油！”

读了那么多心灵鸡汤，也明白在关键的时候要说不，但是事情真找到你了，在那种微妙的环境下，你才明白：拒绝，是有多么困难。

没有办法，只能牺牲自己工作之外的时间了。

有些工作，实习生根本没有办法完成，最后还是会落到你这里。

我原本是一个极其自律的人。但那一个月下来，熬夜成了常态，整个人也一下胖了十多斤。

庆幸的是，交给我的任务都完成得还不错。更好的消息是，新主编已经招到，很快就会入职。

那个月发工资的时候，老板偷偷给我发了一笔额外奖金，然后拍拍我的肩膀说：“我还以为你上来就会拒绝，或者中途撂挑子。没想到，你还真能抗，这个月实在是辛苦你了，赶紧调整一下，虽然不会那么忙了，但是挑战会越来越多。”

后来，我跟姐姐一起吃饭。

她万般不理解地说：“要我说，你就是傻！巧妇难为无米之炊，大事要你做，小事也要你做，你是神仙啊，能忙得过来？”

其实我也不知道该怎么回答她。

按理说，我们在做菜之前，都会首先切好葱姜蒜，然后将桂皮香叶八角辣椒也码好在一处，时间更充裕的时候，还能调配料碗，甚至烫几株小油菜，在盘子里摆个样儿。

很多时候的情况特殊，你要一个人应付忽然间造访的一大家子人，摆在你面前的是需要去切的葱姜蒜，需要淘洗的米，需要腌制的鸡肉，需要打好的鸡蛋……

没有现成的东西能供你随意去用。你想要取一颗蒜瓣儿，却要停下手头的工作，去剥蒜衣。

需要在这样的手忙脚乱中，去应付各种各样的顾此失彼和忙不迭。

02

而之所以在这次高强度的工作中我扛了下来，还是源于大学期间我的一次经历。那时我刚入学不久，加入了一个创业的营销团队。起初团队的人很少，事情又多。而我因为怀着满腔的热情投入到大学生涯中，所以在刚开始的时候，团队里的很多事情，我都愿意主动接下来，然后听大家表扬我：“这么能干啊！”“厉害了！”

说实在的，虚荣心还真有点儿小泛滥。

但很快，我就被社长叫去批评了一顿。原因是，我没有在原先规定节点交出活动的海报设计。

“对不起，我实在是太忙了，还有一点儿就完成了。”

“大家都在等你，当时你说你能完成，我就交给你来做这件事。现在好了，因为你一个人，我们的活动不得不推迟两天，过了这两天，活动主题也要变！”

“可我实在是有很多事情！”我当时脸上也挂不住了，满肚子委屈。

“事情多不是理由，同时做十件事，每件事都没结果，还不如专注做好一件事有个好的结果，要么就不做，要做，哪怕一百件一万件，你也要做得漂漂亮亮的。不然，你既辜负别人，也辜负自己。”

那天，我是哭着离开的。

但我也好像忽然开悟了：对啊，你明明很忙，但是你忙来忙去，什么结果都没有，那忙的意义在哪里呢？

没意义。

自此以后，不管我手中是不是同时在做好几件事，或者不管我是不是已经做好了准备，但凡是需要我去完成的，我总是选择不遗余力。

已经记不清楚有多少次，忽然接到一个工作需要你从原本就已经很紧张的日程里挤出一点儿时间来了。

一次去福建，在高铁上闲翻书。身边一个中年男子先是接到一个电话，简单聊了两句之后，他挂掉电话，拿出随身携带的笔记本，打开 Word 文档开始修改策划案，一直到我将剩下的半本书看完，他还在修改文本内容，而离他接电话的时间，已经过去了将近 3 个小时。

他忙完，在微信上把一些事情做了交代，然后才轻轻合上了笔记本。我很清楚地听见他浅浅地舒了口气。

“我做自媒体的，都没你这么拼，厉害。”我由衷地说。

“哪里哪里，一路上打扰你休息了。”

“你平时也是这么忙吗？”

“是啊！有一次，我正爬山呢，老板一个电话打来，我就蹲在半山腰用手机改了两个小时。这种事情太多了，早就习惯了。”

深以为然。

你不可能因为心情不好就不做事；你不可能在登台表演的前夕，借故自己感冒可能发挥失误而拒绝登台；你更不可能拒绝所有不喜欢的事，而只做自己中意的事。

03

古人讲得好：“受任于败军之际，奉命于危难之间。”

生活时常是困难的，也因此，我们时常与困难为伴。人生有无数种可能，但唯独“躲”不开很多事情。

有时候，你不知道前方的暗处有什么，你不知道在下个路口会发生什么，你更不知道问题的背后又隐藏着多大的困难和挑战。

来不及做好万全准备，我们就需要站出来选择方向、解决问题。

而人生，也就成了一次又一次的乱中取胜。

这并非是说，生活要因此变得兵荒马乱。所谓乱中取胜，它的意义在胜的结果，而不在乱的过程。就如同平静水面，优哉游哉的天鹅，我们看到的天鹅，永远优雅，永远恬静，但是水面之下，天鹅的蹼脚却在不停地拨动……

放大自己的痛苦，不会解决任何问题

01

生活中，常听人跟我抱怨：你根本体会不到我的痛苦。这是一个可怕的万能句式。

我有一个“北漂”的朋友在北京工作了五年。有一天，她在朋友圈发了一张漫天雾霾的照片，配了一句话：“根本待不下去了，走了！不是我不想留下，是你不给我机会。”

见到她的时候，她满腹牢骚地说：“你都不知道北京的空气差到什么程度了，根本就不适合生活！那里的人只看名利，你都不知道一个人置身那么大的城市，有多么绝望，这个时代真是太糟糕了！”

说真的，我那时还是挺同情她的。安慰她，家里现在也蛮好的，努力不分地方，既然回来了，就不要再想那些过往的伤心事了。

大约过了半年，我忽然又看到她发朋友圈，配了一张北京晴空万里的美照。配图文字是：大北京，我胡汉三又回来了！

“她什么时候又回去了？”我问她平时玩儿得比较好的朋友。

“早回去了，她这人就这样。动不动就把自己的委屈无限放大。其实上次她回来，根本和雾霾和拥堵没半分关系，说白了，就是自己在工作上遇到了磕绊儿，刚好那几天天气不好，于是雾霾就背了锅，找了个借口逃回来了。”

“那她为什么又回去了呢？”

“这还不简单，你反过来想想，肯定是她又觉得家里地方太小，生活一眼就望到头，让人没有希望啥的，反正都是些有的没的地感慨。”

02

笑过之后，我觉得，这种事情倒是经常出现在我的日常生活中，只是不曾太在意罢了。

就拿我自己来说，在我 16 岁那年，我决定一个人去火车站，买票去远在外地的姥姥家。排队的时候，因为是盛夏，排队大厅的空调开得也不是很足，大厅人又多又闷。我正要往窗口走，忽然被一个背着蛇皮袋的中年男人不由分说插了队。好吧，忍了。

然后过了一会儿，中年男子的妻子从后面走过来：“小姑娘，你给我让个路，我和他一块儿的。”

“真没素质……”我心里嘀咕了一句，但是，还是忍了。出门在外，我一个小姑娘，实在不想跟人争吵。

这一对夫妻也是可以，买票恨不得把三天内各个时间点的车票价格都问个遍。

“我去，这俩够磨叽的啊，真晦气，咱们换个窗口，遇上这种磨叽主儿，自认倒霉。”我后面的一对情侣撤出了队伍。

终于，将近15分钟的“对峙”后，轮到我了。

“这个窗口暂时不售票了，请到其他窗口去排队。”售票员把牌子一转，“暂停售票”。

看着那对夫妻大吵大闹离开，我骂人的心都快有了。太倒霉了！

我只好换个窗口继续排。然后，买到一张无座票。

上了火车，我躲进厕所给姥姥打电话：“姥姥，这该死的老天爷是不是故意捉弄我，为什么我这么倒霉？”

当时我心里甚至做好了打算，在下一站就下车，然后买票回来，哪儿也不去了，什么心情都没有了，我甚至觉得老天待我不公平，故意整我。

姥姥在电话那端听我说完，对我说：“小狮，有时候就是这样。但是又何必让一时的委屈破坏了即将到来的久别重逢的喜悦呢？”

我听完，忽然安心许多。

对啊，我原本就是要去探望姥姥的啊！如果我因为别人而生气，放大这种痛苦，再连累身边的人，这是多么愚蠢的做法啊！

小时候，我常常贪玩儿而拖着不写作业，每次姥姥逼着我写作业的时候，我都会耍无赖地说："哎呀，我的手都快断了，我的胳膊都抽筋儿了！"

我生怕制造的痛苦不够大，生怕动静和声势不够猛烈。但是，这样的方法初次见效，后来就不灵光了。

拖到最后，快开学了，才发现还有一大堆的作业没有写。于是那几天每天都战战兢兢，想玩儿也不敢出去玩儿了。

这时候，就是真写到手抽筋儿，也只能忍着不敢说，心里悔恨：还不如早点儿把作业写完了。

放任情绪，解决不了任何问题。

03

长大后，当然很少再重蹈写不完作业的覆辙，遇见更多的是发生在周围朋友身上的事情。

诸如上边我那位"北漂"朋友。她放大了外部环境的恶劣影响，为的只不过是掩盖自己那颗脆弱的玻璃心罢了。这样掩耳盗铃的做法，对于一个成年人来说，是有待商榷的。

不仅仅是这位北漂的朋友。记得刚上大学的时候，班里面要评选特困生，一个男生上台讲述自己家庭的困难。母亲去世，父亲是一个普通的农民，自己还有个妹妹在上学。这样的身世，理应被同情。

可接着，这个男生说："我觉得，老天对我真的很不公平，让我成了这个世界上最不幸的人。"这是典型地将自己的痛苦无限放大的一种心理。

这次评选的特困生中，和他情况相仿的就有好几个，还有一些比他的情况更差，但却没有任何一个人觉得自己是这个世界上最不幸的人。他们说的最多的就是：家里已经帮助了我很多，我希望通过自己的争取和努力，为他们减轻一些负担，我会好好学习，让他们过上更好的日子。

这两种心理状态，其实本质上不是优劣的对比，而是完全取决于自己的人生和价值观。

一味地将自己打造成为一个情感洼地，以弱者的姿态怨天尤人，渴望所有人的同情和关怀都汇集在这片洼地中。殊不知，"问君哪得清如许，为有源头活水来"。与同情和关注一起来的，便是人们在认清事情本质后的淡漠甚至憎恶，就如同对待祥林嫂一样。

一个人，其中一个非常可贵的品质就是：善待自己的情绪。理智地将那些负面的充满戾气的情绪进行自我化解。而不是一味选择用隔山打牛的方式，把自己摆到一个道德的制高点上，以绝对受害者的姿态，去指责毫无关系的其他人。

这绝对不是解决问题的正确办法。

假如你选择去北上广，那就不要埋怨北上广的冷漠，更不要放大这种冷漠；假如谈婚论嫁的时候对方提出了买房子，也不要鄙夷这个时代物质至上，当别人都买了房子，你首先该反思的是自己；当你实在找不到情感宣泄口的时候，要么就敞开心扉，要么就选择沉默。总之，不要用移花接木的手段去把自己的情绪嫁接在别的事情上，以图一时的心理安慰。

解决问题的办法更不是虚与委蛇，它不需要你凭空造出一堆堂皇的情绪。

就像春天，不必用华丽的诗词去歌颂，它自会到来。

何必万事俱备，每一步都是海阔天空

01

玫是我来北京实习后结识的第一位女孩儿。她对工作那种拼命三郎的狠劲儿，让我在入职伊始就对她产生了极其深刻的印象——听身边的同事讲，玫在上个月的招标会前再度刷新了她连续加班的时长纪录，76 个小时。因为她的这种拼劲儿，才刚刚 27 岁的她已经是销售部门的一把手，老板对这样的下属更是赞不绝口。

一天我从楼下打饭上来，碰见在走廊里冲咖啡的玫。等咖啡的时候，她低下头用手捏着鼻梁。看得出来，这个动作她用了极大的力气，希望借着疼痛感来抵消疲劳和困顿。她端起咖啡杯正要走，忽然一个趔趄要摔倒，我赶紧去扶。

“没事吧？玫。你不能再这么拼命了。”看到她如贫血症一样的脸，我试图劝她，并把她搀到座位上。

玫跟我说："小狮，你能不能再去打一份饭？我从早上就没吃东西呢。"

我愣了一秒钟，忽然明白她饿了。

于是我把饭放在她手边，又打了一份上来，前后不过五分钟，玫已经狼吞虎咽吃完了盒饭，又开始修改标书了。

"你应该休息，这只是一份工作而已，你是在拼命。"玫听见我这样说，只是对我笑了笑，然后继续一边敲击键盘，一边翻动一沓A4纸打印出来的资料。

晚上下班的时候，玫来还我饭钱，问我："小狮，你想过环球旅行吗？"

"当然了，不但想旅行，我还想胡吃海喝，睡到自然醒！哈哈！"我大笑道。

"我想去旅行，所以我得拼命赚钱。等我赚够一百万，我要来一场环球旅行，然后嫁一个白马王子，过着幸福的生活，哈哈！"她说话的时候两眼放光，疲惫感一扫而光，仿佛当下她已经实现了自己的梦想。

"可你这么拼，身体会扛不住的。"我老生常谈。

"没关系，为了过上想要的生活，吃点儿苦算什么呀？我有分寸的。"她虽是这样说，可是能有什么分寸。所谓的分寸，无非是生顶硬抗罢了。

“玫，你之前不是跟着老板去过欧美很多国家吗？按理说，你已经逛了小半个地球了吧？”我问她。

“那怎么能算是旅行呢？旅行是你穿上最漂亮的衣服，化着最美的妆，去任何你想去的地方，做任何你想做的事，没有工作，也没有压力。我跟着老板是去过二十多个国家，遍布世界各地，可那不叫旅行，只是换了一个地方办公而已。”

她说完便走了，扛着一大摞文件。我知道她回家后一定又会无休无止地加班到深夜了。

年后上班一连几天不见玫。后来同事说：“你不知道啊，玫住院动手术了！”

“住院？怎么了？”我问。

“听说，是腰椎间盘突出，挺严重的。”

一个月后的一天早晨，我刚到公司，看见玫正坐在办公桌前，她看见我来，站起身来打招呼。

“玫，你……”我惊讶得说不出话来。

玫站着，上身不由自主地往前倾，看起来和下身已经错位。她看出我的惊讶，说：“还得做两次矫正手术，但医生说，我的情况有些严重，可能恢复不到正常人的状态了。”

“别这样说，现在你什么也别想，好好养病，一年半载后又是职场一条好汉！”我笑着安慰她，但心里却叹息不已：玫是个多么优秀的女孩子啊！年轻，漂亮，做事干净利落，能力出众，她本该享受生活馈赠给她的一切美好，但老天偏偏跟她开了个玩笑。

下班后，玫坐在自己的办公桌旁一言不发，似乎还哭了一小会儿。我第一次见她的周围不再被快速敲击的键盘声和沙沙作响的纸张声包围，第一次见她如此安静地坐着。

玫辞职了。那天我帮她整理了东西搬下楼。老板跟她说早点儿做好交接，没有一点儿挽留的意思。同事之间照常上下班，玫走的时候他们连一声再见都没有说。

我把玫送上出租车的时候，玫跟我说："小狮，这些年出差的时候我应该挤出一点儿时间到处去看一看，我总想着把所有的一切都准备好，把所有的美好都积攒在一起，可现在……不说了，你要注意身体，常联系。"

五一的时候，玫给我发微信，让我参加她的咖啡店开张典礼。

我坐车到通州，按地址找到那家店。店面不大，但布置得很有格调，十分清新别致。玫在柜台后看见我高兴地打招呼。她比我上次见她的时候状态好，腰也挺直了许多。

我们对坐在靠窗的位置上喝咖啡，然后玫开始给我讲她开咖啡馆的传奇故事。

"辞职后，我陆续动了两次手术，医生警告我，绝对不能再从事此前那样高强度的案头工作。于是我找到一个合伙人，拿出所有的积蓄开了这家咖啡店，现在我的生活就是喝喝咖啡，和来店里的客人聊聊天，晒晒午后的太阳。像不像提前养老，哈哈！”玫大笑起来。

“你把要环游世界的钱全拿出来了啊？”

“不对，是把所有的钱都拿出来看病，然后用剩下的钱开了这家咖啡馆。”

玫现在开朗了许多，说话张弛有度，完全不是以前那个不苟言笑、不近人情的职场精英了。

“那你还想环游世界吗？”我问她。

“小狮你看，这是今年四月份我跟朋友去清迈的照片，漂亮吧？”玫把手机递给我，让我看她在泰国的照片。照片里的玫，明眸皓齿，粲然一笑，俨然已经彻底和过去那段不堪回首的往事告别。

“原先我一直想，等到我攒够了钱，然后像一个女王一样巡视这个世界上的美景。后来我发现，我错了。美景是不等人的，该抓住的时候你没有抓住，此后再想弥补就要付出巨大的代价。记得那时候你还没来公司，有一次去旧金山出差，我七点起床，和我一行的同事浅浅跑步回来大汗淋漓地站在我面前傻笑起来，我问她去干什么了，她说：‘玫，我终于如愿以偿了，在日出前跑步往返金门大桥，这感觉实在是太棒了！’当时我不以为然，现在反而觉得人生中其实可以随时随地发现和抓住稍纵即逝的美好。你完全可以在工作之余挤出两个小时去坐一坐新干线，靠着窗静静欣赏富士山的美景；你也可以拿出半小时沿着康河漫步剑桥校园，一遍遍诵读徐志摩的《再别康桥》；你更可以忙碌一天之后在意大利街头驻足倾听小提琴手的即兴演奏……真正的出发不需要起点，不需要华丽的坐标，也不需要情怀。随心而走，随地畅游，真是每一步都是海阔天空呢！”

02

“浅浅？我好像没印象啊。”我想不起来公司里有这样一个女孩子。

“你当然没印象了，她在你来之前就辞职了，她说她要去做自己喜欢做的事情——徒步走遍中国2800多个城市。前段时间，这丫头和《国家地理》杂志签约了。就是她跟我一起去的清迈，也是这间咖啡屋的合伙人之一。”

玫跟我说，她计划十一的时候去日本，然后年前去一趟夏威夷。现在的她不再追求万事俱备，只要一有时间，就会选择踏歌而行。

“我辞职的时候，老板只跟我说尽快做好交接，我那么努力工作，一生病就立刻失去了利用的价值。现在看透了，看开了，反而觉得世界辽阔起来了。”

玫说，她的心里依旧住着那个女王，只是她的世界不再是此前那种招之即来肆意指点的城堡，而是需要一步一步开荒拓土的江山。

很多时候，我们梦想着写一本轰动文坛的小说，主人公要有最美的名字，全书要有最新颖的故事，句子要有最精妙的措辞，可是准备了好多年却发现，笔下依旧没写几行字，反而有的人写着写着就著作等身了。

有时候，我们决定做一道美食犒劳自己，于是买来最好的食材，不吝最好的辅料，挑选最精致的餐具，拍出最美的照片，最后拿起筷子却没有心情大快朵颐了；我们决定减掉赘肉然后买下橱窗里的连衣裙，结果一个月后，那条裙子早已下架。想写的文字就立刻写下来，灵感一瞬即灭；想吃的美味就立刻去吃，口水咽多了不饱也撑肚；想减肥现在就开始运动，即便没有成功瘦身，也能在大汗淋漓中释放自己。真正的出发不需要起点，只需要你迈出步子，哪怕不完善，哪怕时机尚未成熟，哪怕是一个不可避免的折中。因为人生这场旅行就是一个不断完善，不断学习成熟，不断靠近初衷的过程。

正如玫所言：真正的出发不需要起点，不需要华丽的坐标，也不需要灿烂的情怀，每一步都是海阔天空。

我听玫说着，心里真为她感到高兴。

玫跟我说一起去旅行吧，我说："得了，我更喜欢宅着，听听别人的故事。"

玫说这还不简单，回来我把旅途的精彩故事全部无条件分享给你。

我说，这就够了。

你不是不努力，而是用错了方法

01

我经常听到：

“我吃减肥药，节食，身上的赘肉却怎么都减不掉。”

“我用了更贵的化妆品，皮肤却越来越差。”

“我辛苦写的文章没人看，反而一些乱七八糟的东西在刷屏。”

我们明明花了那么多的精力和时间去做一件事，结果适得其反，努力也不尽如人意，付出却没有相应的回报。

问题出在哪里？

上个月，在一次招商会上我碰见了半年不见的大学同学。她和半年前减肥失败后体重激增的情形判若两人。那时候她在朋友圈庄严立下Flag，说要在一个月瘦下15斤，又晒出了在网上买来的减肥药、减肥茶、甩脂机各种“神器”，决心开始节食。

结果一个月过去，她真的减了15斤，但同时身体开始出现问题，皮肤也变得松弛，看到她上传到朋友圈的照片，我几乎认不出来她了。

医生警告，她再这么下去非常危险。但是她停止吃减肥药没多久，体重开始反弹，非但减掉的15斤全部胖了回来，又在这个基础上胖了5斤。

听她的朋友跟我说，那段时间她变得神经衰弱，还患上了轻微的抑郁症。

“那这回你是怎么减下来的？”我问她。

“后来，我一个做健身教练的朋友给了我建议。我开始每天跑步，并且调整了三餐饮食和作息时间，没想到不到半年，我的体重在不知不觉间就减掉了20多斤，皮肤非但没有松弛，反而更好了。早知道好好吃饭、适当运动就能赶走赘肉，我肯定不会瞎折腾了。”

熬夜到凌晨的加班是没有任何意义的，牺牲健康的减肥更加得不偿失。

想要求得一个好结果，首先要找到一个对的方法。

大多数情况下我们更愿意走捷径，却忘了水到渠成的道理。

02

我有一个要好的闺密，人长得非常漂亮。因为天生自带光环，她的身边围拢了一群玩儿得好的朋友。她乐此不疲，经常出入酒吧、KTV 等社交场所。

有时一觉醒来打开朋友圈，发现她在凌晨三四点又发了朋友圈。

她的名言是：用最贵的眼霜，熬最晚的夜。这话听着颇为豪气。对这样一个“我好看，说什么都对，你闭嘴”的小公主来说，我的劝说总是毫无用处。

有一次陪她逛商场，在化妆品专柜前，她又入手一套几千块的 L'Oreal。看我盯着她，她顺手拿起旁边的一块卸妆棉，将眼角的妆擦掉：“你看，这眼角的细纹也不知道什么时候有的。我现在不化妆，根本不敢出门。刚出现的时候，用几百块钱的化妆品去遮，后来就用一两千的，再后来就用几千的，真不知道哪天连最贵的化妆品都遮不住了，该怎么办才好。”

“你每天熬到两三点，还想要漂亮的脸蛋，饱满的苹果肌？你如果继续这样熬夜，就是往脸上抹金子，也会黯淡无光。”我跟她说，“停止熬夜，多睡几个安稳觉，美丽自然就回来了。”

半年后，她申请了澳大利亚的 WHV，开始了为期一年的游学。

在那边的生活，用她的话说：上午跟房东一起剪羊毛，挤羊奶；下午上课，看书，跟朋友去旅行；晚上无所事事，一早便沉入梦乡。

她说澳洲没有复杂的人际关系，原以为很枯燥，没想到心里一下子安静了，不用装那么多事儿了。她睡前会花半个小时在微博上记下每天的经历和故事，没想到成了励志网红，一时间吸粉无数。

一年后回国，她真的就像换了一个人。“看见没，小细纹没有了，再也不用买那么贵的化妆品了！我现在要做一个氧气美少女！”

没过一周，她又申请去贵州支教。她说她的新朋友们已经在路上等她过去会合了。真正的友谊是于自身有所裨益的，而不是在玩乐当中彼此消耗。

消除皱纹最有效的方法不是靠昂贵的化妆品，而是保证充足的睡眠去涵养精神；保持美丽不是靠外表的修饰，而是需要让灵魂变得充盈；除非迈步向前，要不就算脑海里有再精彩绝伦的想法，我们也无法到达远方。

03

还有一个故事，主人公是我的大学同学。他是一个非常有才华的男生。上大学的时候他就总说，迟早有一天自己会成为下一个沈从文。

他的文笔的确非常有灵气，连系里的教授都认为他的作品已经逐渐抓住了沈从文的语言精髓，我们也都相信他很可能会是下一个沈从文、汪曾祺，或者柯灵式的作家。

他开始在网上连载小说。最初是在天涯论坛，结果才连载了三章，就有人跟他说：“天涯主要是帖子和志怪系列的文章比较受欢迎，你这太文艺了。”

然后他又在起点中文开始连载，连载了一个月只有不到一万的点击量，又有人跟他说：“起点主要是玄幻，而且动则数百万字的篇幅，你这十几万字，人家半天就看完了，会觉得没意思。去晋江吧！”

然后他又去了晋江，仍然不受欢迎。

有人给他提建议，让他去做微信公众号连载，刚开始朋友圈还有人喝彩，帮着他转了几天，最后求着别人转发也没人回应了。

每次都是兴冲冲想要一鸣惊人，结果都是一颗又一颗哑炮落在地上无声无息。

他意识不到问题究竟出在了哪儿。

“你的文章水平绝对没问题，问题在于你弄错了圈子。你这个根本就不属于网文的范畴，也不是微信公众号易于传播的类型，就像你穿一身晚礼服去逛商场、吃沙县小吃，这合适吗？你该去文学类的期刊投稿啊！”

一语点醒梦中人。

后来通过系里教授的推荐，他将稿子投给了一家纯文学期刊，对方当即同意进行连载，也凭借这本书，让他刚一毕业就拿到了省作协发来的橄榄枝。

有时不是你不优秀，不是你不努力，而是你用错了方法。再熟稔的舵手，有时也会迷失方向；再玲珑的智慧，也会陷入盲从。不要做一条搁浅在沙滩上的鱼，那样的坚持与煎熬毫无意义；要做一只触须敏感的猫，在狭小的空间准确判断能够通行的路径。

在这个伟大的时代里，每个人都可能有 15 分钟的时间，站在舞台中央成为全世界关注的焦点。

通向舞台中央的路径也不止一条，但迈出第一步需要谨慎，而不是说走就走乱打一通。

如果你的目标是追逐太阳，你只需要在黑暗中等待黎明的到来，而不是去关注海中鱼群的走向，去担忧林中鸟兽的吃食。

适时选择放下，也是一种智慧

01

认识容与，是2017年7月18日在北京到广州的G71次列车上。

彼时正值六月精阳的热辣时节。我头靠着车窗，一经轻微颠簸，很快便昏昏欲睡。于半睡半醒之际，猛然感觉脑袋歪在了别人肩上。

“对不起。”我顾不上看对方，连忙道歉。

“没事，你的书掉了。”她提醒了我一句。

我是个很内向的人，生怕自己的冒失给别人带来困扰。从她的语气中我隐约感觉到，她并无厌烦之意，这才稍微松了一口气。

我拿起书，晃见她手中也拿着一本书，竟然是朱熹的《楚辞辨证》。这本书我曾在大学期间借阅过，十分艰涩难读。

于是我仔细看了一眼身边的这个女子，约莫二十六七岁，眉眼温婉。

此时将近中午。为了打发时间，我接着看起书来。

“我之前的男朋友也爱看这本书。”

“什么？”听她像是在跟我说话，我问。

“大学的时候，他经常翻叶芝的诗歌，尤其是这本《苇间风》。”我点点头，一时不知道从何作答。但又觉得这样十分不礼貌，于是问：“你这本书不太好读，喜欢《楚辞》？”

“我叫容与，名字是我爸取的，他是郑大中文系的教授。”她把书轻轻合上。

“好名字，‘时不可兮骤得，聊逍遥兮容与’。难怪你喜欢这本书。”

“嗯，我也喜欢陶渊明的‘步容与于南林’。”

我们之间忽然找到了一个共同的话题，于是就聊起天来。

她在郑东上车，也要到广州，此行的目的是要去见她的前男友。

一个月前，容与当场抓到男友和另外一个女人鬼混，于是主动提出分手。

“直到现在，我都无法相信，那个和我谈了五年恋爱的人竟然会这样对我。”她语气平和，娓娓道来，显然和她深厚的修养有关。

我却不禁为她担心起来：这样的人，心里最容易装事儿。

“既然已经分手，为什么要不远千里到广州去找他呢？”我言外之意，是担心她的安全。

她似乎立刻明白了，笑着说：“你可别把我当成那种纠缠不清的女生，我这次去是把他送给我的书都还给他，从此两不相欠。”

的确，容与的言谈举止非一般的女孩子可比，温婉柔和的背后，另有一番巾帼不让须眉的胆色。

“很高兴认识你，一路上还能聊聊天，在终点站一起下车。”容与的学养惊人，且丝毫不扭捏做作，兴之所至，更有令我佩服不已的惊艳之论，她是一个有主见敢作敢为的女子，以至于我渐渐开始明白她的前男友为什么会那么做。

是啊，这样的女生，只怕绝大多数男生都难以驾驭，她就像是一颗闪闪发光的北极星，既是夜空中的温暖，又是遥远的清梦。

02

“如果是第一次被我发现，我可以既往不咎，可是……”容与忽然落下了两滴泪。

我明白了，她终究是不甘心。而她此行去广州的目的，恐怕也是想亲眼看一看那个夺走她相恋五年恋人的女人究竟是什么样子。

说好的是去道别，然后潇洒开始新的生活，但事实上，她还是没能全部放下，并试图挽留。通过精心的装饰和隐藏，她把自己摆在极其理性而且豁达的位置上。表面上看，她的眉眼似四月的暖风，实际上，她的内心已经饱受寒冽秋水的摧残。她就像一个受了内伤的武林高手，表面上仍有风度，而肺腑间皆损伤。

容与中间给他打电话，说大概几点到广州北，希望他能去车站把这些书都拿走。我不知道电话那边都说了些什么，只见容与不停地流眼泪。

容与挂完电话，我递过去一张纸巾，她先是深呼吸，然后跟我说："他告诉我，他是真的爱她，不能忤逆自己的内心。他让我死心，他不会去车站，以后更不会出现在我的生活里。"说完她就闭上眼睛一直流泪，直到后来哭累了才靠在我的肩头慢慢睡着。

列车到长沙的时候，容与的手机又响了，电话是她爸爸打过来的。容与接过电话，一切风轻云淡，素如平常。

她挂完电话跟我说："小狮，刚才爸爸跟我说，不管我做什么，他都支持我，在这列车上他安排了三个学生偷偷跟着我，如果我到了广州有任何困难，就立刻给他们打电话。"然后我听到一声短信提醒，容与给我看了她的手机，上面是三个署名是"师兄"的电话号码。

"爸爸跟我说，无论是什么样的结果，让我这周末回家，陪他去书店买书。给他当司机，当拎书小童，他说他现在老了，看不清路了，也拎不动书了。"容与说完忽然笑了，然后捂着脸哭了起来。

当她慢慢平静了一些，我觉得我有必要跟她说说话。

"就在前两天，我一个好朋友打电话找我倾诉。一年前，他辞掉了工作。母亲去世后他和父亲的关系很僵，那段时间尤其难过，没有朋友，没有后盾，房东还隔三岔五来敲门催租，好像忽然间所有的问题都找到自己。后来，他做了一个决定，他把行李寄到家里，把所有的银行卡全部注销，拿着取出来的四千块钱，坐上了去江西的绿皮火车，他决定去看油菜花。不管接下来是山穷水尽，还是柳暗花明，他要遂着自己的心意狷狂一次！”

“后来呢，他真到了婺源？”容与问我。

“还没出省，他就看见了一大片油菜田，于是就下了车，坐大巴去看油菜花了。在那个小城，他待了一星期，几乎花光了所有的积蓄。后来他去了北京。他说，出发前是下了那么坚定的决心，可中间发现，你并非要到终点才能遇到最好的风景，途中也许会遇见更好的。而那种信誓旦旦的决心，终究也不过是偌大情感世界里的一缕涟漪。”

“得了吧，他就是没钱了。”容与笑着说。

列车经停衡阳北站的时候，容与忽然跟我说：“小狮，我想，我要下车了。”

“什么，你不是要去广州吗？”面对她这个决定，我有点儿诧异。

她笑而不语，拿起自己的背包，说：“所谓‘衡阳雁去无留意’，我决定了，既然他不肯见我，那我就回去给我们家老爷子当司机和拎书小童了。再见了，小狮！”

“容与，我忘了告诉你，我曾经用过一个笔名‘灵均’，也是屈子诗赋里的句子。”面对即将的道别，我终于把这句话说了出来。

“再见，灵均小主。”她说完便下车了。

03

当一丝落寞渐渐平息，心里却忽而愉快起来。

容与的这个决定表明，她最终选择放下。车到广州北的时候，我收到一条短信，是容与发来的。她写道：小狮，我已经平安返回郑州，现在正陪着老爷子在逛书店。你说得对，有时候，我们不必在终点站下车。如果远方有那么多的放不下，那么我选择在当下放下一切。我的朋友，希望不久的将来，我们在郑州见面。容与。

佛陀说：“爱别离、怨长久、求不得、放不下。”

这是人生痛苦的来源，我们不必在终点站下车。更多的时候，风景就在眼前，就在途中，就在触手可及、举目可见的不远处。

正如容与所言，“衡阳雁去无留意”，大雁已经飞过，何必眼睛盯着湖面寻找影子，何不等来年春暖花开之时，静等“关关雎鸠，在河之洲”。

后来，我问容与，那天列车上跟着她的那三个师兄最后怎么样了，容与听完大笑不止。

她说，当时只顾自己想明白下车了，却忘了告诉车上的师兄们也下车。

这个容与啊，真是个奇女子！

比起八面玲珑，我更喜欢你的真诚

01

网上加了个多年不见的老同学，对方说：“咱俩当年可是过命的交情！到了北京一定告诉我，别的不敢说，免费给你当导游，请你吃大餐！”

你有事儿真去了，他人就没影儿了，要么出差，要么加班。

群里商量着去聚餐，有人说：“有一家的炒菜绝对好吃，而且我表弟在那儿当经理，咱那儿有人啊！去了可以打八折，酒水免费！”

临近聚餐大家都等着定地方，任你怎么找他，人家就是不出来。等到定好地点了，他又冒出来说刚才在睡觉，怎么不等他就订酒店，他却忘了，20 分钟前自己才刚发了一条朋友圈。

想要找一个人帮忙，另一个人说：“找他能成什么事儿啊？要找就找他们公司的高管，我认识他们副总，我俩经常一起出来玩儿。”

似乎发改委和联合国都有他的朋友，你让他帮着给联系一下，他连连应承，然后，没了下文。

“费那劲干吗，我一个电话的事儿！”

“下次去报我的名字，买什么门票啊！”

……

我相信上面的场景，绝对不止我一个人经历过。

《素书》有云：神莫神于至诚。意思很简单：在这个世界上，没有比真诚更加神圣的东西。

可是偏偏总有那么一群人，在饭桌上，在电话里，在聚会中，他们无所不知，无所不能，简直是八面玲珑，手眼通天。但真到有事的时候，不是虚与委蛇，就是事后诸葛亮。

总之，说的永远比唱的好听。

在他们那里，你能领略到什么叫舌灿莲花，什么是小事一桩，但你永远感觉不到一丝真诚和半点儿实在。

02

我总是跟朋友提到我的四叔。他既不是什么达官显贵，也不是什么显赫人物。用四婶的话说：“你四叔就是个胰子疙瘩蛋！”

他那一茬同学里，有很多混到现在都成了有头有脸的人物，有省厅的，有市委的，有开公司身家千万的。唯独四叔，混了半辈子，还是个面朝黄土背朝天的农民，可就是这个看上去“土得掉渣”的四叔，给我上了人生当中最重要的一堂课。

我上大三那年冬天，四叔突发心梗在医院抢救，我赶到医院的时候，他已经脱离危险，转到常规病房治疗。

那两天，往病房里送钱送东西的人就没断过。期间，有个一看就是领导的大叔来探望四叔，因为他一来，医院的两个副院长也陪着。他跟四婶说要把四叔转到 VIP 病房，四叔不同意：“我一个粗人，没那么多讲究。我哪儿也不去，你们送来的钱也都拿走，我有医保，用不着。”

“哟，这是哪个大领导生病了？”一边的老大娘没见过这阵仗。

“大姐，我这个领导来头可不小，领导着一亩三分地嘞！”四叔一番话把大家都逗乐了。

不过，这个大叔的的确确是省里的一位大领导。听他们闲聊我才知道，原来这个大叔跟四叔是发小。后来大叔考上公务员进了城，因为一次无意中说喜欢吃家里种的大白菜，四叔就记住了，每年冬天就骑着电三轮去给他送菜。

有一次半路下起大雪，四叔的车打滑翻到了沟里，谁也没告诉，直到几年以后被四婶无意中说漏了嘴。四叔怕老同学愧疚，为此狠狠把四婶训了一顿。

我和四婶去送大叔，大叔上车前硬是把钱塞给四婶："用得上用不上再说。用不着回来再给我，千万别跟那老东西说。天马上就冷了，今年不要让他再往市里跑了，那几棵白菜能值几个钱？过几天不忙了，我到家里去。"

上楼的时候我问四婶："婶儿，四叔该不会真是什么高人吧？这两天往这里送钱的送钱，送东西的送东西，要说一个普通农民，搁谁谁也不信啊！"

四婶笑着说："人家这是记着你四叔的好呢。你四叔这个人啥都不好，可有一样，他对人啊，心诚。所以人家都念着他的好呢……"

四叔这个人，脾气倔，性子急，但同时，他为人真诚善良，坦坦荡荡。

诚其意者，勿自欺也。

假如一个人想要真诚地面对这个世界，首先，他要学会真诚地审度自己。

卸去伪装，跳过涂饰的环节，你既不用担心别人会怎么议论你的言行，也无须费尽心思营造出一张华丽的大网。无愧于心，自能无愧于人，无愧于天地。

03

电视剧《那年花开月正圆》讲述了清末陕西女首富周莹传奇的一生。

其中有一个桥段很耐人寻味：吴家东院的大当家吴蔚文想要将军需订单的报价压低一些，但掌柜解释说，因为订单中有一位中药“血竭”，价格非常高昂，所以不能再往下压低价格。

周莹就提出用杜鹃花代替血竭，杜鹃花能起到和血竭一样的功效，而且价格非常便宜。她正在得意自己的奇谋时，却被吴蔚文一声断喝赶了出去。

事后，吴蔚文找到周莹告诉她，吴家东院之所以能有这么大的家业，凭的就是“诚信”两个字，不哄不骗不欺不诈，所以就算杜鹃花有奇效，也不能做这种瞒天过海的事。

于是，他让掌柜按原价上报，宁可不赚钱，也不能丢失诚信。

剧中，周莹出身江湖，做事不按常理出牌，虽然聪慧过人，但有时没有是非善恶的大局观念，正是吴蔚文的当头断喝，才让她真正明白经商和做人的要义。

王世均被人陷害，不得已污蔑周莹和自己通奸，真相大白后，周莹不但不计前嫌，反而更加重用他。

在去迪化的途中，她被三寿帮的韩三春绑架，事后劝反韩三春时，周莹承诺，只要他愿意跟着自己，就将吴家东院两成的股份分给他。牛寿娃图谋不轨的行踪败露，韩三春决定帮助周莹逃出土匪老巢。

刚一逃出火海，周莹就吩咐管家王世均，拟定一份契约，将吴家东院的股份交给韩三春。

正是因为她的这份真诚，让她手下聚集了一批像王世均、韩三春这样的精英骨干，成就了她的商业帝国。如果仅仅是耍小聪明，抖机灵，她不可能成为陕商女首富，更不可能在清末历史上留下浓墨重彩的一笔。

04

《礼记·中庸》云：“唯天下之至诚，为能化。”

在这个世界上，唯有诚心能感化人心。

威廉·巴特勒·叶芝说：“多少人爱你青春欢畅的时辰，爱慕你的美丽，假意或真心，只有一个人爱你那朝圣者的灵魂，爱你衰老了的脸上痛苦的皱纹。”

爱情不需要明媚的脸蛋和曼妙的身材。假使有爱，就算对方再丑再老，你也依旧视若珍宝。

巴勃鲁·聂鲁达说：“当华美的叶片落尽，生命的脉络才历历可见。”

人生不需要非凡的履历和辉煌的蓝图。

但凡做好自己，安稳地走自己的道路，过自己的生活，这样的人生绝对有着别样的精彩。就像山川湖泽，归于大海，大海始终以蔚蓝示人；就像春夏秋冬，轮回往返，时间始终朝着前方赶路。

比起八面玲珑，我更喜欢你的真诚。

Part 6

你的坚持，终将美好

当你试图在别人身上寻找存在感的时候，你已经丢掉了自己的存在。因为别人只是暂时填满了你内心的疮痍，一旦某天他们抽身离开，你的内心就会坍塌，留下一片断壁残垣。

既然有梦想，为什么不坚持

01

锦兄已经是我送走的第三个“北漂陨落者”了——这座造梦之城从来不相信眼泪，也不会同情弱者，它既不会张开怀抱对你的到来欢欣鼓舞，同样，也不会对你的黯然离开表现出丝毫悲悯。

如同大多数北漂者一样，锦兄曾经带着灿烂的梦想来到北京，一待就是五年。

可是，当初那个风华正茂偶尔还要大声朗诵《念奴娇·赤壁怀古》的青年，悄然变成了谢顶的大叔，棱角全无。他曾说：第二年的时候，我要在金融街旁边租一个大主卧，交一个漂亮的女朋友，还要养一条金毛，在阳台上种满蝴蝶兰。

后来他换了三次工作，没有金毛，也没有蝴蝶兰的阳台，他住的地方从三环的隔断，变成了五环的次卧，再到后来房山的独立单间……终于，他选择了离开。

因为家里已经给他下了最后的通牒：如果今年不回家，就永远断绝关系！他已经没有当年的叛逆和锐气了。是啊，他已经 32 岁了。这个年纪应该已经是家庭事业都走上正轨的时候了。

而锦兄，昨晚还在因为 1000 块钱押金而跟房东吵得不可开交，被人冷嘲热讽，轰了出来。没有一点儿底气，没有半分尊严。

“小狮，我想不明白，为什么我坚持了这么多年，老天却不眷顾我，难道这一切都是注定？”他凄凄惨惨地说。

我知道，他不会明白自己到底失败在哪。

要是能想明白，这五年他早想明白了。

锦兄交的第一个女朋友，三个月就跟他分手了。原因是他每次下班回去，除了打游戏、看电视剧，就是刷新闻、聊微信，说他两句他就反驳：“你知道我工作了一天，有多累吗？”

可说得多了，工作却没有起色，人的脾气还越来越大，最后把人姑娘吓跑了。

锦兄的第一份工作，因为旷工去面试别的公司，被发现后辞退。

第二份工作是在一家专门运营 App 的公司做项目负责人，这份工作其实很好，但因为工资没有达到他的心理预期，所以他做起事情来，推诿扯皮，拖拖拉拉。私底下总是跟别人说：“给这么点儿钱，就只能做这么多事。”当那款 App 后来风靡社交网络和应用商店的时候，他早就因为自己的态度问题而被炒鱿鱼了，他错过了最后一次实现自己梦想的机会，那是最近的一次。

第三份工作，他已经30岁了，感到对未来迷茫不定的当口，他转行做了销售，只为能多赚点儿钱，结果惨不忍睹。

他的那些坚持，像契诃夫笔下的变色龙，毫无定性，既没有逻辑，又没有方向。总是把一句空洞的“只要我坚持，一定会实现梦想”挂在嘴边，在他眼中，只要坚持，奇迹就有可能在某天发生。

于是，一方面用“一定会实现梦想”的精神鸦片麻痹自己，另一方面遇见具体的事就计算利益，站队观望，蝇营狗苟，结果把自己搞得狼狈不堪，更相信这种狼狈是为梦想所付出的高尚代价。

锦兄，你有梦想为什么不坚定自己的梦想？既然为实现梦想来到北京，又为什么三心二意毫无定性？你知道梦想不能靠喊口号，但为什么不能一步步去执行自己的计划？得意的时候不知道收敛，落寞的时候只能喊口号，焉能不败？

说白了，从来没有为自己的梦想真正努力过。失败其实是题中应有之义吧。

02

跟我合租的一个室友Lisa，是一个东北大妞，家住锦溪，也是一个北漂，却和锦兄大不同。

刚认识的时候，我们因为不熟还险些不和。她跟另外一个女孩儿住在主卧，晚上的时候还兼职做直播，虽然没有什么噪音，但因为主观偏见，我还是觉得这个女孩儿心高气傲，不懂礼貌，而且每周末总是夜里三四点钟才回来，一个女孩子回来这么晚，肯定是在外面疯。

后来慢慢熟悉了，有时候在厨房一块儿做饭，还彼此分享自己做的黑暗料理，关系好了很多。

有一天傍晚我去机场接老师，在三元桥地铁站旁边的天桥遇见了她。她跟另外一个女孩儿在天桥上摆摊卖小饰品，居然还贴膜！

如果不是亲眼所见，打死我都不会相信，平时衣衫亮丽，在 CBD 当着总经理助理的她，居然在天桥卖衣服贴手机膜。她看见我，略有尴尬，但大方地打了招呼，我什么也没问，怕影响了她的心情。

两个月之后，大概是 2015 年春节前后，Lisa 敲我的房门，给我送了一袋水果，还帮我的手机免费贴了膜。她说过完年就不回来了，这袋水果跟手机贴膜算是平时打扰四邻的道歉和礼物。

我问她是不是做北漂太累了。

她摇摇头，用地道的东北口音说："不是，我来北京原本就是为了攒钱回去开自己的服装店。现在钱攒够了，北京大大小小的批发市场也摸熟了，回去就在锦溪市里面开店了。好歹也是在大城市上过班，摆过摊儿，大世面也都见了，存了份底气。今后就什么也不怵了。”

我问她做直播是不是也是为了攒钱开店，她不好意思地笑了笑，说：“其实每次周末很晚回来，是去外面进货，回来没有合适的班车，又不舍得打车，只能坐夜班车，还吵到你们。不过今后就不会了，啥时候去锦溪，来找我！”

误会解开之后，我先是被她的豪气干云感染到，然后被这种为了目标不顾一切为之努力的精神所折服——如果是我，我会不会放下身段去天桥练摊儿，或者在摄像头前面取悦别人呢？

即便有这样的勇气，我又是否能做到像她这样，一以贯之，直到目的达成才肯罢休呢？

我忽然无比佩服起这个东北大妞儿来。

03

很多时候，我会听到这样的声音：你只要坚持到最后，你就成功了。

仅仅靠每天大喊口号就能成功吗？如果真的是这样的话，那地沟油熬出来的鸡汤和雾霾熏陶过的励志语录就真的能拯救全世界了。

我想当年毛主席打仗的时候，也一定不会说：“只要我们坚持，就一定能够战胜敌人。”

他老人家总是抽着烟卷儿说：“分兵包围，重点打击，消灭敌人的有生力量。”或者是：“战略上藐视敌人，战术上重视敌人。”

这就是所谓的知行合一吧！

既要笃定信念，又要讲究技巧和方法，遵循规律和付诸实践。只有这样，才能有“打过长江去，解放全中国”的伟大胜利。

锦兄的失败，Lisa的成功，让我不得不一次次提醒自己：吾日三省吾梦想，你有梦想吗？你的梦想完成了吗？你真的正在为梦想奋斗吗？

梦想是个好东西。梦想当然是要有的，不然吹牛的时候那脱口而出的心里话凭什么让自己都肃然起敬？碰杯的时候洒出来的酒又怎么能豪情万丈？梦想不仅要有，还要有目标，有方向，既要持之以恒，又要讲求方法，既能承受暂时的失败，又能经受长远的磨炼。

致我们曾经拥有的梦想，当下的义无反顾，将来的豪情万丈。

真正优秀的人，不在别人身上找存在感

01

上周六一大早，我把床单被罩拆下来送去洗衣房。刚回到宿舍，就看见对铺的迪迪盯着电脑做了一个胜利的手势，她的司法成绩高分过线。

2017 年，迪迪第一次参加司法考试，学习成绩一向很好的她立下“豪言”：一定一次拿下司法考试。可惜最终还是差了几分。

当时，我安慰她说：“第一次能考出这样的成绩真的很棒了，接下来查漏补缺，凭你的实力，明年一定能够高分过线！”

迪迪点点头，收拾东西准备去听讲座。

这个时候，走廊里传来一阵匆忙的脚步声，隔壁的玲推门进来喘着气问迪迪：“怎么样，过了没，过了没？”

迪迪两手一摊：“差 7 分没过，深感惭愧，正准备去听考后

讲座。”

玲一听，忽然大笑起来：“你居然没过？太好了，哈哈哈！连你这么用功复习的学霸都没过，那我就放心了，这下跟我爸妈解释的时候就有理由了。”

迪迪问：“学术厅有教授讲解今年的司考真题，一起去听？”

“算了吧，这两天紧张死了，周末我要好好放松一下。”玲说完就跑了。

中午吃饭的时候，我翻了一下朋友圈，忽然发现玲在离开我们宿舍没发多久就发了条朋友圈：唉，迪学霸这么努力用功的人都没考过，今年的司考真是太难了！

我拿给迪迪看，迪迪苦笑着说：“指名道姓，躺着也中枪啊……”

2018年的司考冲刺阶段，玲隔三岔五地往我们宿舍跑。

“迪迪，听说最近状态也不太好啊！”

“迪迪，听说你昨天做的那套真题，选择题竟然错了一半！”

“迪迪，平常心平常心，今年考不过，明年再考，反正我们都做好三战的准备了，到时大家一起努力！”

不出所料，出成绩后，玲在第一时间跑过来问迪迪考得怎么样。

我原以为玲这次没话说了。没想到，她听完迪迪的回答，居然说：“听说你报了一个很贵的冲刺班，该不是押中今年的大题了吧？你运气可真好！”

迪迪讽刺地回了一句：“你这么关心我，我再考不过，岂不辜负了你的苦心。”

在生活中，我们身边有太多玲这样的人。因为自身的缺失，不得不在别人身上寻求一种存在感——当对方不如自己时，便大肆兜售同情和滥用关怀；当对方胜过自己时，便找各种理由否认、挖苦，甚至污蔑、诋毁对方，同时不断给自己找各种开脱的借口。

殊不知，当你试图在别人身上寻找存在感的时候，就已经丢掉了自己。

别人只是暂时填满了你内心的疮痍，一旦他们抽身离开，你的内心势必坍塌，留下一片残垣断壁。

02

我刚来北京实习的时候，对我关照最多的是高我两届、已经在北京一家律所工作的容师姐。

那年春节过后，我们一道回北京。在高铁上闲聊时，容师姐忽然感概道：“唉，这几天我就像一面墙一样，七大姑刷一下，八大姨添一笔，没完没了。”

春节期间，容师姐遇到了点儿“麻烦事儿”。

大年初二，容师姐跟着爸妈去外婆家拜年，碰到许多不常见的远房亲戚。七大姑八大姨三姑父四舅姥爷聚在一块儿自然有说不完的家常话。

容师姐原本坐在一旁听，慢慢地话题聚焦在了她身上。

“容丫头啊，听说你在北京找工作了，一个月工资一万多呢！”

“没有没有，还要交五险一金跟所得税，还要租房，吃穿用度都要花钱，没有那么多。”容师姐解释说。

“是啊，你看你表妹，大学刚毕业，在家里找的工作，一个月虽然只有三千块钱，但是吃住都在家里，虽说你在北京还是个研究生，但一个月估计剩下来的钱还不如你表妹多吧。”

容师姐只能尴尬地笑看。

一边的表姨也说话了：“是啊，最要紧的是赶紧找个婆家，你看看你表妹比你小三岁，都俩孩子了，家里什么都是她当家，不比你在外边漂着强？”

“你表姨说的你要往心里去啊，你爸妈年纪也大了，你给他们买辆车干什么？他又不会开，光剩出洋相了。”

容师姐当时脸上就有点儿绷不住了，但还是忍住什么都没有说。

“一年不见两回，一见面都跑我这儿来找存在感了，你儿子孝顺，你闺女厉害，合着就我不知好歹，真行。”

“十五万年薪加五万奖金能跟一个月三千块钱连五险一金都不上的工作一样吗？您闺女管着一家三口，我在外面管着十几个人的团队有什么不如你的？我给我爸买车怎么碍着您了？他学车的兴致高着呢！”

容师姐跟我说的时候，自己都气得笑了出来。

靠谱的人，从不在别人身上找存在感。

你可以不做某件事，但别人做什么不要妄加评价；你喜欢的电影、音乐、书籍，不要让全世界跟着你一起喜欢；你可以看不惯某种现象，但不要逼迫我和你站在一起。

满世界找存在感的人，要么无知，要么无聊。就像容师姐后来说的：对于那些在我身上找存在感的人，我会礼貌地对他说，请您走开。

说到底，存在感是自己给的。

与其活在别人的眼光和看法里，不如把精力和心思都放在自己身上，一只河蚌不用大张旗鼓为自己摇旗呐喊，只需默默地在体内磨砺出珍珠，自然有光芒万丈的那天，那个时候别人才会真正的对你刮目相看。

优秀的你比成为别人更重要。

03

在我的朋友圈，就有这样一个女孩儿。不管是谁发朋友圈，她都要第一时间点赞评论；每隔半个小时就要发一条状态，如果有人给她评论，她准在第一时间就回复。

有一次群里几个朋友说要小聚一下。她兴致高得不得了，一边推荐哪哪儿的餐馆儿很好，说她经常去那里吃饭，还和老板很熟，一边儿在群里鼓动大家都参加，还说好久没见了，一定要都来好好聚一下。有人问时间地点，她说都包在自己身上。

一时间群里简直成了她的主场，忙得不亦乐乎。

最后，在群里不经常说话的人都来了，从头嚷到尾的她却没有到。

宴会刚开始，她就在群里露头了，一边抱怨工作太忙，不能过来，一边又催着大家拍照片发群里。不一会儿她在朋友圈贴出了九张群里的照片，感慨道："太可惜了，没能和大家一起聚，我们永远都是最好的朋友，以后一定要常聚！"

一个朋友看见了，笑着说："这半天，就她最活跃，要是真有事儿，哪能有这闲心。"

中途，她不停地催大家发照片，后来大家索性都不搭理她了。我们都明白，她要的只是一种哪哪儿都有她存在感的假象。

可是，当一个人想方设法想和这个世界发生联系时，他反而会越来越像一个无声无息的影子，变得孤独寂寞，虚无缥缈。

而真正受欢迎、有存在感的人，根本不用什么长袖善舞和言语动听，甚至不用说什么话，彰显什么才华，就能另辟蹊径。

舒婷在《致橡树》中有这样的诗句：我如果爱你——绝不像攀缘的凌霄花，借你的高枝炫耀自己。我必须是你近旁的一株木棉，作为树的形象和你站在一起。

真心要等的永远都是真心，虚模假样，早晚有一天会被鄙夷。

那些想要在别人身上找存在感的人，奉劝您走开些。别碍了别人的眼，扫了大家的兴，消耗了仅存的情意，也破坏了美好的风景。

既然别人有靠山，你也要活出点儿背景

01

三月的第一天，豆芽辞职了。

“这次我辞得理直气壮！”她说。

“照你说的：你老板辞掉你，是因为你们组其他人都多多少少有点儿背景，有人罩着，所以唯一一个没有背景的你，就成了被宰的羔羊，并不是你能力不行，而是老板眼瞎？”我问道。

“本来就是！就拿我们经理来说，他懂什么呀！要不是他爸是董事会大股东，他能坐到这个位置上？还有他那助理，整天浓妆艳抹，一个像样的文案都写不出来。最可气的就是新来的实习生，就因为他是北大毕业的，刚来一个月就转正，还顶替了我项目经理的位置。我们组那个珊珊，每天就在那儿网购，看美剧，晒朋友圈，从没见她干什么活儿，就这，人家还是稳坐钓鱼台，不就是总部派来当花瓶的吗。这次我是认栽了，谁让我没背景呢！”

豆芽嘬着吸管把600ml的青柠檬汁喝了个精光，才勉强压住了心里的火气。

“你为什么不把自己活得有点儿背景呢？”我问她。

“我……我就是要证明，我豆芽就是没背景，也一定会成功！”

“既然在你眼里别人都是有背景的，那为什么偏偏你没有？”我继续问她，豆芽被我问住了。

“总之我觉得，那些有背景的成功都不纯粹。”豆芽反驳。

“那你给我举个例子，什么样的成功是纯粹的？你别跟我说《平凡的世界》里孙少安那样的虚构人物，太假。”

“怎么没有？像许三多就是：不拼爹，没背景，从一个傻小子长成兵王，这样的成功我才服气！”

“人家许三多能过目不忘，看一遍就能背下复杂的武器参数，他能每天踢一万个正步被军区司令称赞为‘踢正步第一人’，人家的腹部绕杠也是全军第一，这些算不算背景加实力？我问你，《红楼梦》里荣国府那帮人是不是混背景？《西游记》里没被打死的妖怪天上是不是都有背景？《水浒传》里柴进凭‘丹书铁券’不怕权贵是不是因为有背景？《三国演义》就更别说了，袁绍‘四世三公’，刘备言必‘大汉皇叔’，这些是不是背景？即使不提这些人，就说你刚才提到的那个整天只会网购追剧的姗姗。这女生我又不是不认识，她是英语专业八级，你们公司每次接待外商，都是这小姑娘挑大梁吧？就算是派下来的，那也是关键时候用在刀刃儿上的好钢。”

“你怎么胳膊肘往外拐？”豆芽听我给她引经据典掉书袋子，哭笑不得起来。

“人就应该活得有点儿背景。要真是把自己活得清汤寡水、孤家寡人，那才叫彻底失败。路边卖鸡蛋灌饼的人都可能有背景，别说你一个混帝都的有志青年了。没混出点儿背景自暴自弃也就算了，却以没背景为荣，还看不起凭着背景干成大事儿的人，你好意思吗？”豆芽听完哈哈大笑。

作为她的闺密，我最了解她，因此在这个节骨眼儿上，我主动戳破了这层窗户纸，让她意识到问题所在，这样远比迁就和安慰甚至“长情的陪伴”要重要得多。

02

说真心话，我实在羡慕眼前这个女孩儿。家庭和睦，华中科技大学毕业，长相漂亮。无论从哪一方面说，她都是能凭借自己的努力给自己平添一份背景和光环的，但总是不能坚持，白白浪费上佳的天赋。

和豆芽比起来，我实在自惭形秽。两年前我来到北京，二本毕业的我面对大公司的门槛只能望而却步，为了维持起初的生计，我选择在一个艺术家工作室做编辑，单枪匹马运营一个只有几百个粉丝的公众号。

那时候没有一个人在一旁指点我，“你的方法不对，你可以尝试一下互推，效果会更好！”没有一个人告诉，“你这篇文章的问题出在……”，有的只是“这个月涨粉不理想，所以可能没有奖金”，或者“这篇文章不能用，重新再写”。

做出成绩，没人为你喝彩；把事情搞砸，也没有人愿意站出来安慰你一句。有时感觉，一个人的孤独，足以和2000万人大都市的喧嚣相颉颃。

每天工作和休息的界限逐渐模糊，持续不断的焦虑，害怕微信对话框里的所有消息，害怕接电话，害怕开选题会，害怕真有一天彻底被这个城市抛弃，害怕人生路上被提前盖上平庸的戳印。

丘吉尔说：“有时，我们只能坚持，因为别无选择。”

当时我心里对自己说：“就算没有希望，也要再坚持一下！”

一年零四个月之后，我心力交瘁，终于决定辞职。就在我打算离开北京回小城的时候，此前一直接受我供稿的编辑对我说：“来我们公司试试吧！”那是一家我想都没敢想过的大公司。

“我行吗？”

“试一试吧，我觉得你一定可以。”

我记得那天去面试，我后来的老板跟我说：“原来一直供稿的人是你。”我也不知道自己乱七八糟说了什么，一个星期后，我有了第二份工作，一份体面的，原本不可能属于一个二本院校毕业生的工作。

没想到，一年半的煎熬竟成了我的某种“背景”，为我的职业发展更上一层提供了一张弥足珍贵的入场券。

如果没有这一番遭际，来北京伊始就将简历投到这家公司HR的邮箱里，那么我恐怕会因“工作经历”“学历要求”这些硬性要求在第一轮就被刷下，也就没有后来的转机和惊喜了吧。

那是我第一次意识到：除了优渥的家境，显赫的家世，自身所经历的种种挫折、挑战，甚至是落魄、失败，也都会成为一种背景，一种基于自身砥砺而形成的极其结实、极其纯粹的人格力量。

03

出了餐厅，在车站等车的时候，豆芽跟我说：“其实想想，之前那个项目原本是我负责的，但我不看好它的前景，所以在执行中一直打马虎眼。实习生接手后，我忽然发现原来那些你认为不可能的事情，只要认真去做，也可以成功，还能做得很漂亮。老板把那样一个重要的工作交给我，可能是想好好锻炼一下我吧，考察一下我是不是能胜任组长的位置。如果我做成了，我就可以顶着这个光环，打造属于自己的背景，凭实力，特别纯粹的那种。可惜，我没有意识到问题所在，还去诋毁我的同事们。忽然觉得自己好失败，哈哈！”

正如豆芽所说，如果你真的不屑于那些躺在背景的蜜罐子里取得成功的人，那么你就亲自去打造属于自己的纯粹背景。而不是囿于现状、一味埋怨、愤世嫉俗，做一个悲情却不值得同情与可怜的失败者。

别人拿背景在做事，而我们却在学王婆冷眼旁观喋喋不休。

看到别人拿到了风投，你说：“还不是他爸前期投的钱，这是拼爹。”

看到几个大学生创业成功，你说：“不就是靠学校的资源接触到了牛人，又不是自己的真本事。”

看到同行的自媒体风生水起，你说：“还不是凭着哗众取宠骗流量，没有一点儿品位。”

起初的我们都是不屑的，面对成功，面对未来，面对这个世界。

面对一个整容后的美女，你一脸不屑地说：“再美还不是假的？我是纯天然的。”

是的，纯天然固然好，可如果这种天然存在缺陷，就要想方设法进行修复和完善——如果背景的确属于成功路上的重要一环，你要做的绝对不是眼睁睁看别人利用背景一路高歌猛进，而自己却不采取行动，只沉浸在自己的偏见与狭隘中不能自拔。

此时，没有背景，创造背景也要上。

并不是直接从别人那里拿来的东西才是背景。所谓的背景就是你成功时，有人为你鼓掌欢呼；你失败时，有人向你伸出援手；你无助时，有人和你勾肩搭背掏心窝子说话；你迷茫时，有人与你一起冲破迷雾坚持到底；你潦倒时，有人无私接济你；你腾达时，有人仰赖信任你。

这不仅是成功所需要的必要条件，也是生活与为人的必考点。

努力去打造属于你的背景吧——没有好的家世，那就让自己奇货可居；没有超群的能力，那就涵养品德；暂时没有出路，那就耐住性子细心打磨当下的时光——总之，不要把背景当成横亘在你与他人之间的深沟天堑，愚公移山，精卫填海，想方设法改变现状。

无须标榜自己没有背景，你连活出点儿背景的勇气都没有，凭什么走江湖，凭什么混人生？

焦虑感是人生的一节必修课

01

来北京实习后，同学玲珑约我出来爬山，原定的日期因为雾霾的缘故耽搁了两天，不得不再挑日子。

那天终于如愿成行。我俩坐在香山半山腰的亭子里，一边往远处看，一边聊闲天。玲珑跟我说：“下个月，我准备辞职了。”

问及她辞职的原因，玲珑反问：“那你为什么辞职？”

这个问题一个月来也反复困扰我，经她这么冷不丁一问，我也不知道该怎么回答。

“可能是因为焦虑感吧。你也知道，我之前这份工作，根本没有工作的时间界限，每天都处在一种焦虑中，整个人都很紧张。”

我的第一份实习工作是新媒体运营，需要一个人负责整个平台。有时候大半夜主编会忽然给我打电话，让我立刻打开电脑追刚出的热点话题，然后就得通宵达旦地写稿子；有时候花了大力气组了一篇稿子，主编拿过去一看，让重新再写，既要求有干货的“深度好文”，还要赶在晚上八点前写好并做好排版……除了做内容，同时也负责运营和营销的工作。最后那段时间，我整个人处在一种被完全掏空和完全填满的状态中，极度的焦虑感让我严重失眠，最后只能提出辞职。

可我不明白，玲珑为什么也有了辞职的打算。按说，她一个名校毕业的天之骄子，又有编制，拿着无数人挤破脑袋都换不来的铁饭碗却要辞职，这实在是说不通。

玲珑故作神秘地笑着说：“你的焦虑感眼睛能看得到，还产生了生理反应，把你折磨得够呛，我的焦虑感却是肉眼看不到的，更多的是在心里。”她说完拉着我继续往上爬，爬到山顶已经是下午。

她一边嘲笑我缺乏锻炼一路上叫苦不迭，一边指着四九城说：“你看，现在的北京多安静啊！没有万家灯火，也没有车水马龙，但你走近了看，商场、地铁站、咖啡馆、写字楼，哪里不是熙熙攘攘、人头攒动？”

“那你今后要做什么？”我大约明白了她要说的，于是问她。

“我要重新拿起相机，当一个摄影师，当一个在路上的作家。”玲珑说话的时候手舞足蹈，此时摇摇欲坠的夕阳俨然成了她的舞伴，玲珑跳着跳着忽然朝着山谷放声大喊：“我要辞职啦！”似乎要让全世界分享她的喜悦。

下山的时候，玲珑一直在大笑，我问她为什么发笑，她说："你们老家的苏门山上不是有一个魏晋的大隐叫孙登，他一高兴就在啸台之上引吭高歌，那我心里高兴，还不能笑笑？"然后她又抱怨香山的位置不好，说下次去爬百望山，只有在那里才能更好地俯瞰四九城。

"我打算写一本书，眼下求一个现世安稳，要不然我还真想跟你一起去闯。"

"你的现世安稳难道不是在路上？而我的长路漫漫又何尝不是心安之处？"玲珑一语道破我话外的意思。是的，我在一年的高强度工作后选择了寻觅安稳，她则在索然无味的工作外选择奔赴远方。

在此之前，我们都曾因为现状而感到深深的焦虑。我因为用力过猛，进无可进；她因为无处用力，避无可避。

最后，无论是溯源至初心，还是大浪淘沙终得见，我们会发现原来迷雾重重的前方别有一番景象。

到了山脚下，已经是暮色四合。天地间的界限越发分明，此前的混沌不清逐渐层次分明起来。

分别的时候，玲珑说："我把我的想法跟我爸说了以后，他很生气，甚至骂我大逆不道。但我真的不想一眼就看到十年后，甚至二十年后我的生活状态……"

"那咱俩就对调一下，我会支持你。"

“那你就安心些写书，等我回来的时候换我开始写，你再去外边浪，哈哈！”玲珑双手一挥，跳上地铁，此时她的心恐怕就像这列车，它要轰鸣，往前飞奔，去往一个终点又一个终点，看一幕又一幕精彩的风景……

02

小学每次假期快要结束的时候总会有作业没有写完；中学时代无休无止地考试备战；大学毕业后四处求职；工作中随时出现的突发情况；谈婚论嫁必备的房子车子存款；人到中年面临的上有老下有小……

造物主似乎从一开始就把“焦虑”这种情绪嵌入每个人的脑海深处，伴随年龄的增长，这种情绪也随即慢慢成长扩张，开枝散叶。

有时候我在想：如果找出一种东西来描述“焦虑感”的话，我会把它比作一根定海神针——平时潜藏在海底，毫无征兆，但它会陡然发生变化，在某些极端的情况下，甚至能戳破苍穹，引发大的灾难。或者，焦虑感就像人生的一节必修课，不论你喜欢与否，它都是学习生涯中最重要的内容之一：为了避免这节课考试不及格，我们不得不正视它的存在，并学会与它的相处之道，进而掌握必要的语法、公式、规律，最后顺利通过考试。

两个月前，玲珑发来了她在青海湖追随一个朝圣者一路西行的照片集。

照片上的她比以前瘦了，也变黑了。进藏之前，她曾和我通过一次电话，说的第一句话就是：“我快要饿死了，哈哈！”

她说：“上次我们去爬香山，有些话是没说完的，因为我当时也不明白。现在我好像懂了，那种焦虑感就像是饥饿，适当的饥饿是有益于健康的，同样地，适当的焦虑才能让我们无时无刻不审视自己当下所处的位置，它就像是地心的磁力，虽然无形，却不断矫正未来要走的方向。虽然模糊，但在不知不觉间它已经让我们脱胎换骨。”

玲珑又问起我的小说写得怎么样了，我说写到一个大的章节上，有点儿难以为继，最近又开始焦虑了，玲珑听完大笑起来说：“我也正发愁呢，到底要不要进藏，不过我的焦虑刚才已经消失了，因为我发现如果要往回走，距离回去的路更远了，索性一条道走到黑了！”

挂完电话，我想玲珑这个时候应该已经在进藏的路上了吧！

也许我们终其一生都甩不掉这样的“焦虑感”，如同回首曾经读过的课本上的文章，才发现曾经的诸多不解现在心里已经有了越来越明确的答案。那些曾经深恶痛绝的情绪不经意间成了一笔不小的财富，那些好的不好的、漂亮的难堪的分数都不再那么重要了。

重要的是，在这节人生的必修课上，有些东西不再被用来应付考试和获得分数了，而是融入生活成为一种息息相关的参照，让我们接下来的人生变得比此前好了那么一点点。

学会举重若轻，学会和生活抵肩而行

01

两年前，我采访一位获得年度“茅盾文学奖”提名的作家。采访结束时我问了一个问题：“您的作品多为长篇，人物众多，时间空间上的跨度都很大，却为读者所钟爱，如何做到让一本严肃的文学作品和读者产生共鸣呢？”

“当我决定以写作为生的时候，为了保持充沛的精力，我选择每天坚持长跑10公里，而且绑上沙袋，跑完出一身汗，精神松弛，倒头便睡，一觉醒来头脑就会异常清晰。”

由于坚持绑沙袋，以至于后来的跑步中他逐渐忽略掉这两个加起来足足有6公斤的重家伙，有一次他卸掉沙袋，用和往常一样的时间，足足多跑了6公里。

去年，他受邀担任本省的马拉松形象大使。

“举重若轻，是逐渐适应负担并将其转化为乐趣的过程，很像佛家讲的修行。一部几十万字的长篇小说，也是如此。作者在写的时候往往是很艰难的。这时就需要你拿出一种举重若轻的创作态度去冲淡这股力道，不要让读者产生不必要的负担和累赘。拿《三国演义》来说，赤壁之战，火攻和以少胜多都是老套路，很枯燥，你要按往常的写法肯定不行。于是作者不惜笔墨描写了草船借箭、蒋干中计、三气周瑜、孟德赋诗这些轻巧的细节，将战争的戾气和历史的隔阂化为无形，这是一种很高级的写法。清代赵翼《瓯北诗话》中写道：‘坡诗不尚雄杰一派，其绝人处，在乎议论英爽，笔锋精锐，举重若轻，读之似不甚用力，而力已透十分。’说的就是这个道理。”

采访结束，他在我的采访簿上写了两行字：同人生其他辛苦的事情一样，写作也需要我们有举重若轻的心态去进行创作，而举重若轻的人生，往往是和生活的颓惫抵肩而行的。

02

前段时间我参加了一场读书分享会，一个中年男人讲述了他的故事。十年前，他带着老婆孩子第一次来北京旅游。因为想让刚上初中的儿子多看看外边的精彩世界，原定两天的行程不得不延长。可他身上带的两千块钱已经快用完了。

第三天，儿子主动跟他说："爸爸，我们回家吧，不能再住酒店了，因为我们没有钱了。"

男人抱起儿子说："谁说爸爸没有钱了？你看这是什么！"

"哇，好多的钱！"孩子看到这么多钱鼓起掌来。

妻子问他钱的来历，他说来之前就觉得两天时间不够，于是就多准备了 3000 块钱，这些钱是平时偷偷省下来以备不时之需的。后来他带着老婆孩子又去爬了长城，去了清华、北大、国家图书馆、国家博物馆，看了升国旗，在北京逗留了整整一个星期。

"那时家里本来就没钱，更别说花几千块钱去旅游了。那钱是我趁着老婆孩子睡着的时候半夜打电话向包工头借的。"说起那段往事，他感慨万千。

"你为什么偷偷借钱？你就没有想过万一被你太太发现，她会跟你大吵一顿吗？"有人问他。

"那个时候我就想：既然来了就一定要来得值，为什么不让老婆孩子多看看呢？尤其是孩子，要让他从小便有大志向！一个男人碰上点儿麻烦事儿，就得想法儿解决，出来玩儿，多开心的一件事儿，绝对不能让老婆孩子因为钱而操心。最好啊，就当什么事儿都没发生过。后来我慢慢把那笔钱还清了。她们娘儿俩压根儿就不知道。"

六年后，他的孩子考上了清华物理系。

我在想，当初如果 3000 块钱就逼退了这个父亲，继而关闭了孩子开阔眼界的大门，那么今时今日他就不可能选择北京，更别说考进国家最高学府。

正是当年这个父亲“化危机于无形”的做法，才让北京在孩子眼中留下了前所未有的美好印象，也才在他稚嫩的心灵中埋下一颗梦想的种子，给了他鲤跃龙门的强大动力。

古人云：“泰山崩于前而色不变。”男人的“就当什么事儿都没发生过”，不正是举重若轻最好的诠释吗？

生活并不因为你的大惊失色而心生怜悯。与其言语无状、不知所措让当下的处境越来越糟，不如沉下心来，试着把握事态的走向，继而善加经营，虽然这条路注定充满艰辛和颓惫，但只要笃定信念，咬紧牙关往前走，就一定能走出人生的“灰色地带”。

03

大学期间，我带领小组参加“挑战杯”。当我自信创意和策划书一定能在省赛中大放异彩的时候，我们小组却在省赛的第一轮评比中惨遭淘汰。我将原因归结于团队的不给力，拖了后腿，并在指导老师办公室大发牢骚。

“你看看策划书。”

“策划书是我写的，有什么问题吗？”

“策划书本身的创意没有问题，但是排版很粗糙，多处标注错乱，更不能理解的是，标点符号和错别字这样的低级错误频频出现其中，让人怀疑你们的专业程度。我想这也是评审组之所以淘汰掉你们的原因之一。”

没错，这个策划书是在截稿日期之前的晚上匆匆打印出来的。虽然因为修改最后的几处想法耽误了一些校对时间，但我自信这份凝结了我心血的方案能一路披荆斩棘顺利杀进全国赛。

结果却狠狠地打了脸。

“我问过小组其他人，这个方案几乎是你一人包办，你甚至在时间来不及的情况下要亲自设计版面，至于其他的环节，我想也都如此。你信不过你的团队，觉得自己的能力才是制胜的关键，而他们只是见证你创造奇迹的围观者。你事事亲为，不能放手让团队参与各个环节的分工，才犯了这么低级的错误，需要反省的也包括你自己。”听了老师的话，我惭愧不已。

我这才明白：举重若轻才是自信的表现。事事计较，以为能把一切做到极致和完美，却忘了个人的能力再强也终究有限，善用团队的力量才是取胜之道。在小细节上无限放大，却在大环节上出现错误，避重就轻，无异于自毁长城。

我诚恳地向团队道歉。

两年后新一届的“挑战杯”上，我们以省赛第二的成绩冲进了全国大赛。

04

纵观历史，无论是东坡“莫听穿林打叶声，何妨吟啸且徐行”的处之泰然，还是稼轩“如今识得愁滋味，却道天凉好个秋”的洒脱，成大事者大都从容不迫，举重若轻。不论事情多繁冗，压力有多大，他们都保持着平和的心态，从容应对。

英格兰有一句民谚：在英格兰登山与攀登喜马拉雅山相比简直如儿戏一般。

“二战”期间，艾森豪威尔统领数百万盟军。有人问他能否忙得过来，他说：“我不忙，我只是领导海陆空的三个总司令而已。”正是因为他能够分层负责，所以做事举重若轻，最后取得了欧洲战场的巨大胜利。

看过这样一则故事：有一户人家，家里有兄弟俩，哥哥是前娘生，弟弟是后娘生。后娘在安排家务时处处向着亲儿子，她安排哥哥每天到石场挑一担石头回来，弟弟则每天到草场挑一担灯草回来。一段时间以后，哥哥挑石头的肩膀生了茧子，变得又宽又厚，走起路来也又稳又快。有一天回家路上刮起大风，弟弟肩上的灯草被刮飞，自己没能站稳被风吹到河里淹死了。哥哥却因为担着重石，稳如泰山，像往常一样安全到家。

挑灯草的人虽然活得轻松，但当灾难猝然降临时，他往往不堪一击；挑石头的人，虽然平时活得沉重，却能在灾难来时进退自如。

在生活中，常常会出现这样的“风”。

“锺书逃走了，我也想逃走，但是逃到哪里去呢？我压根儿不能逃，得留在人世间，打扫现场，尽我应尽的责任。”92 岁的杨绛回忆爱女钱媛和丈夫钱锺书先后离世的情形，对于这份不能承受之重的悲痛和酸楚，老人家只是轻描淡写。在刚翻译了《斐多篇》后，她又写下了《我们仨》和《走到人生边上》，在鲐背之年跃上文坛的高峰。

也许，人生总有些重负是卸不掉的，与其自怨自艾，愤懑难平，浑浑噩噩，虚度光阴，不如举重若轻，坦然面对生活的颓惫，且勤且恳，负重前行。

每一片被覆盖的麦田，都渴望春天

01

我向如来佛祖保证，我和那些调皮捣蛋的家伙是不同的，整个初三我都在拼命努力地好好学习，抛弃了追更《圣斗士星矢·冥界篇》，也不再看剩下没读完的《神雕侠侣》，连乒乓球拍也被我封在抽屉里——目的只有一个，考上市重点高中。

然而，和那些俗套的电视剧桥段相似，我终归落榜了。不同的是，我不仅没有考上最好的高中，连最次的高中也没考上。这根本就不是落榜，简直就是跌落悬崖。

平庸的资质，导致我的青春才刚刚起步，就因开局不利的尴尬局面，而使得原本跃跃欲试“挟泰山以超北海”的浩瀚梦想胎死腹中。

可能对我根本就不抱幻想或者知道资质平庸的我难成大器，母亲听到那句“我没考上”后，连一声叹息都没有。那时我虽然不懂什么大道理，但也早明白：叹息尚且是一种抱有希望的遗憾和惋惜，假如一个人失败或做错了什么，别人连一声叹息都没有，那她是该有多失败啊!

我就是那个Loser，那个彻彻底底的失败者。

“你去上中专吗？”这是母亲跟我说的第一句话，这句话一定在她脑子里酝酿了好久，我不相信这是她临时起意的决定。

是的，我满脑子渴望听到的那句“要不再复习一年试一试”?

终究没有听到。她笃定我再复读一年也是无果。

我平时十分听话，学习也颇用心，考试发挥正常，却依旧不尽如人意，复习一年情况也不会有多大起色，加上几个平时和我很好的同学也纷纷落榜，更加坚定了她的想法。

母亲找了相识多年的好友，有了这层关系，我得以“荣幸”地进入一所位于郑州的“重点中专”学习，即将和我同去的，还有我一个远房大姨家的表姐。现在，我仍然试图努力回想起那年夏天，我都做了些什么。

可是，如同寻隐者不遇的贾岛一样，竟然一点儿痕迹都没有留下，云深不知处，那一份原本应该很痛苦的记忆，就如同被割掉的阑尾，不知道被扔到哪里去了。

母亲帮我整理了开学用的东西，又买了一身新衣服，因为是和表姐一起，两家人在小县城市场租了一辆面包车，到郑州时已经是下午。

宿舍被安排在类似于老家属院的一幢建筑内，环境还好，只是新涂了一层白色墙漆，有甲醛的刺鼻气味，待的时间长了会辣眼睛。

当天晚上，我和母亲就挤在一张小床上，涂料的味道会往眼睛里钻，秋蚊子仿佛知道命不久矣，发了疯似地咬人，加上新环境，狭窄的床，我既不敢翻身，又不能破门而去。强忍到凌晨，总算是睡了一会儿。

我和表姐醒来后，桌子上放着油条和豆粥，我们彼此不熟，自顾自地吃。这个时候大姨和母亲拎着水果进来，“我们就走了，后天开学，你们好好学习，平时也要互相照应，这是买的水果，郑州天干燥，有什么需要就给家里打电话。”

我和表姐送她们到校门口。母亲回头说：“我们等公交，不要送了，我和你大姨在这儿说话，你们回去吧，十一要是回家，提前打电话。”

道别就这么草草结束，想要刻意去营造一些离别的伤感，也丝毫没有派上用场。

于是，我的中专生涯开始了。那个夏天干燥异常，蚊虫凶猛，身在他乡，浩荡离愁。那一年，我十五岁。

02

好在郑州的秋天并不那么令人生厌，我的生活也渐而规律起来——所谓的规律，其实无非是给自己的无所事事找了一个借口而已。

除了上课以外，你必须想方设法鼓捣出一点儿爱好或者兴趣来。这怎么说呢？就像《肖申克救赎》里安迪在监狱里雕刻石头打发时光一样，因为那些课程地设置的确有点儿莫名其妙——Photoshop、商务英语、公文写作、文学选修，还有口才学，可能只有天才方能自如驾驭这些课程吧。

而假如是天才的话，又怎么会上中专呢？我几乎是第一次接触电脑。从小到大我只在初中上微机课的时候摸过键盘疙瘩，连鼠标都不会使用。看着那些经常出入网吧的人握着鼠标东点西点，然后屏幕上的画面变来变去，我是真心佩服他们，就像我真心羡慕班上学习最好的男生一样。

我学会了用智能 ABC 打字，也学会了用 QQ 聊天。申请到第一个 QQ 号时，我简直兴奋得难以形容，为此还费了半天工夫，给自己取了一个“游戏人间”的网名，觉得这个名字简直是太好太妙了。

游戏人间，这是一种多么深沉而潇洒的境界啊！现在想起来真感到脸红和难为情，可想想连迷茫还不知为何物的年纪做出的一些傻事，兀自感慨，还真是奇妙。

教室里有一台很大的电视机，除了上课的时候，平时教室里是绝对没有人的。

周末或平时没有课的时候，我会拿一本书来教室，累了就看一会儿电视，电视里《超级女声》海选时人山人海的场面令我至今难忘。那时的选秀多好啊，不像现在的电视节目，精致得像是几百道工序加工过的细糕点，两口下来就让人甜腻得难以下咽。

那时河南第五频道刚开通，为了攒人气一天到晚不停地放电视剧，不知道现在还放不放了……时间这样一来二去过得很快，等到窗外的夕阳斜斜打到教室最后一扇玻璃上，我的室友蒋敏敏，就会准时来叫我。

表姐喜欢泡网吧，我曾尝试过一次，对于游戏和上网猎奇没有任何兴趣，诚如有些人所说，游戏需要智商，猎奇需要精力——可能这两点我都不具备。所以我们道不同不相为谋，反倒是新郑来的蒋敏敏和我关系极好。

那天她照常来找我出去吃饭。她从小家里条件差，到了饭点儿肚子就会饿，比上紧了发条的座钟还准。

出了教室顺着新柳路往东，不出一公里就是十里堡，一个很好的小镇子，小镇上什么都有，超市、音像店、二手书摊、礼物店、小吃摊儿……总之，更像是乡镇传统的集市，而非现在令人生厌的商业街的模样。

我照例会买一个最喜欢吃的鸭架啃，蒋敏敏则喜欢吃炸鸡蛋，超市转悠一圈，然后在书摊儿淘书。

那天风刮得很大，摊主可能觉得要下雨，于是准备收摊走人。我忽然发现一套几乎是全新的三联版《神雕侠侣》整齐地摆在那儿，这可是我当年没看完的书，我现在一定要把它读完。

摊主没心思跟我讲价，厚厚的五本书被我十块钱收入囊中，顺带还买了余秋雨的《文化苦旅》和《苏雪林散文集》。买完书我逛街的兴致全无，蒋敏敏则想继续往南走，因为是周五，她无聊的时候是必然要去音像店看电影的。

两块钱一张碟，那天看的是张雨生演的电影《七匹狼》。

内容忘记了，主题曲真的很好听，影片港台味很足。蒋敏敏感慨张雨生如果活到现在，歌坛会是什么样子。

出门时，天半黑，下起雨来，连绵不断，拉扯着黑夜，看样子不缠绵到天亮是不会停的。我开始唠叨，蒋敏敏则没脸没皮地说："快步加小跑，十分钟就到学校了。我请你洗澡！"两人就踩着水，往学校跑。我用衣服和蒋敏敏的防水衣裹着那套《神雕侠侣》，生怕它沾一点儿水。

那天的场景我记得尤其清楚，可能是那天傍晚的风，黄昏的雨，和夜里的灯光将我生活的轨迹记录得一清二楚，在我心里留下了太深的印象吧！

天气好的晚上，我们会三三两两去打台球，去连霍高速旁边的一个大学城滑旱冰。有时候没事，就沿着郑大体育学院空旷的大街，去五公里之外的建设银行取生活费，顺便在三全路旁边的一个小镇的批发市场看看便宜的衣服，回来时买点蜜三刀或热气腾腾的糕饼当晚饭。

总之，风平浪静，触及不到迷茫，也无法想象未来，那年的秋天就慢慢地溜走了。

03

我在班上几乎是年纪最小的，二十多岁的占了多数。我第一次当出头鸟，是做了一件看起来特别傻的事情。

因为我中途进班级，所以一开课，我就借了一个关系非常好的姐姐的笔记，把之前一年所有的课业笔记全部抄写了一遍。老师拿着我工整誊写的本子对那些新生们说："看到了没，这就是你们要学习的榜样。"

我没做成榜样，反而成了那些新生眼里的异类，因为他们不得不像我一样，把之前的笔记和课业一页页补回来。我能想象得到，当他们抄作业的时候，心里一定骂了我无数遍。尽管我对那些课业并不认同，但我还是尽力而为。

改变，也是从此开始。那是一次语文课上，河南财经政法大学的张教授给我们授课，讲的是一些类似于大学通识课一样的文学鉴赏。

讲课时，因为援引到民国林徽因的故事，而自然谈到了徐志摩的坠机，但话到嘴边，已经是花甲之年的她一下子想不起来徐志摩的名字，我当时接了一句。

她和全班的人都感到诧异，一个小孩儿也懂这个？

“这你也知道！”我前排一个大我快十岁的同学惊讶地看着我。

说真的，我心里着实有点儿小骄傲，然后教授就让我站起来朗读艾青的《假如我是一只鸟》。读了什么，读得怎么样，我已经想不起来了，总之就是我读完以后，大家都惊呆了。

下课后教授找到我，跟我说：“你叫狮小主是吧？以后每天抄一首诗，自己有想写的东西就写下来，我帮你修改。”

她给了我一个本子，从那开始，我对文学产生了兴趣。

当我把第一首写好的小诗拿给她看时，她说：“你坚持按我跟你说的，每天抄诗，到你三十岁的时候，你一定会有成就。”

然后，她没有理会惶恐无措的我，从袋子里拿出一个鸡蛋和一袋酸奶，递给我说：“以后每周六，我给你辅导写作。”

从此以后，我近乎疯狂地迷恋上了文字，开始写诗，写小说。张教授每周六必定拿出半天时间对我不厌其烦地指导，每次要走的时候，就会塞给我一个鸡蛋和一袋酸奶。她身体不好，这些东西是她常备的，现在算作是一种对我的督促和奖励。

一时间，班里同学都知道我会写诗，还会写小说。偶尔也会有小爆发，在某个下午我一口气写了十八页，完成了第一个完整的中篇小说。

教授看了很高兴，密密麻麻做了许多批注。

我的文学梦和激情，就这样子，在那个清冷的初冬，被一下子点燃了。因为我无比坚信，等到了三十岁的时候，我会变成一个非常厉害的人。

期末考试到了，最后一科是代数。

我花了十五分钟时间写完卷子，走出教室的时候监考老师拦住我说："张教授跟我说起过你，我看了你的卷子，答得很好。你既然这么上进，为什么不考虑复读考高中呢？"

这一问，把我问得哑口无言。

考试完后，大家一起去看刘德华在体育馆的演唱会，我们通过黄牛买的票，居然真的混了进去。站在最后一排，感受着现场如山如海的人潮，我从未如此真实地感到迷茫。当刘德华举着话筒问："不管做什么事，不要让自己后悔和等待，好不好？"全场跟着大声说"好"的时候，我沉默了。

演唱会结束，大风把街道刮得烟尘四起，她们在隔壁宿舍打牌。我裹着被子拿着一个笔记本在抄写英语单词，抄到后来，我一边写一边哭，却不知道是为了什么而哭。

一个经常借我钱的社会姐进来，她喝了酒，醉醺醺的，因此我可以不用去擦眼泪掩饰什么。她拿着我的笔记本，说了一句："小狮，别觉得你自己不行，我从来没见过在这么乱的环境里还能这样自律的人，你要好好学！"这当然是醉话，可我听了却很感动。

周五的晚上，2005 年的第一场雪，就这么落下来了。

"小狮，你回家吧。我相信你，一定能考上重点高中。"张教授周六载我出来，我们一起吃了饭，然后她说要带我去一个地方。

出了门，外面已经是一片雪白世界，这个世界如此干净，我似乎一下子认不出来了。

我们一人打一把伞，沿着十里堡，穿过小镇，走到了连霍高速旁，高架桥下是一片麦田。麦田里裸露着干枯的麦茬，在风雪里摆动着身躯，像在跳舞，也像在打架。地面的部分才是绿的，枯黄和油绿交错绵延，直到远处。麦茬上积着一层雪。

张教授跟我说："你看见这片麦田了吧？也许你再来郑州的时候，它可能已经不存在了。去年我开车路过这里，被它吸引，站在麦田里看高架桥上的车子来往穿梭，你知道我想到了什么吗？我六十岁了，人生就像脚下的麦子，我的梦想，就像桥上飞驰而去的车子。我的眼睛会追着车子跑，直到车子早就没影了，却仍然忍不住地想看。”

“小狮啊，不管它跑得再快，你也要一直盯着它，然后走出这片麦田。”我知道，现在该是我走出麦田的时候了。

当我大胆地说出“复读”那两个字时，母亲同意了，她终于有了一声叹息。我向学校申请退学，离开了郑州。

此后的一年便全是为考高中而奋斗的故事了。那一年，我十五岁。

因为曾亲历那个冬天，因而整个青春，变得白雪茫茫。那一场落满我整个青春的大雪，连同那片被覆盖的麦田，如同萌蘖的杜鹃花，渴望春天。